Vladimir Karbusicky

# Jüdische Anekdoten aus Prag

# HERDER / SPEKTRUM

Band 4241

## Das Buch

„Praga magica" – im Herzen Europas liegt eine wunderbare, geheimnisvolle Stadt, in der drei Kulturen und Mentalitäten – die tschechische, deutsche und jüdische – eine einmalig fruchtbare Symbiose eingegangen sind. Mit dem Fluidum Prags, aber auch mit seinem schweren Schicksal – unter der „braunen" und „roten" Fremdherrschaft im 20. Jahrhundert – untrennbar verbunden ist auch der Erzählschatz jüdischer Anekdoten. Vladimir Karbusicky, selbst ein langjähriger Bürger und profunder Kenner dieser Stadt, hat in seiner höchst amüsanten und geistreichen Sammlung, in der tiefe jüdische Weisheit, Nostalgie, Selbstironie und sprühender Witz Hand in Hand gehen, einen Großteil von ihnen dem Vergessen entrissen. Daß feiner, zuweilen makaberer Humor auch die Waffe Wehrloser, aber intellektuell Überlegener sein kann, davon geben die jüdischen Anekdoten ein leuchtendes Beispiel ab. Die meist mündlich überlieferten Anekdoten wurden im 20. Jahrhundert zum alle Autoritäten untergrabenden Mittel der Überlebenskunst und befreienden Gelassenheit. Es passiert auch heute noch, daß man zwei Prager sieht, die auf dem Bürgersteig plötzlich stehenbleiben: Der eine erzählt etwas mit schmunzelndem Gesicht, der andere hört ihm mit erwartungsvoll gespanntem Lächeln zu. Und dann brechen beide in herzhaftes Lachen aus. Was der eine erzählt hat, begann sicher so: „Kennst du den neuen? Also Kohn und Roubitschek ..."

## Der Herausgeber

Vladimir Karbusicky, geb. 1925 in Velim/Böhmen. Professor für Systematische Musikwissenschaft an der Universität Hamburg. Zahlreiche Publikationen zur Musiksoziologie, Musikologie, musikalischen Anthropologie und Semiotik, zur Beethoven- und Mahlerforschung. Bei Herder/Spektrum: „Ludwig van Beethoven. Briefe über Kunst, Liebe und Freundschaft. Ausgewählt und kommentiert von V. Karbusicky" (Band 4127).

Vladimir Karbusicky

# Jüdische Anekdoten aus Prag

Herder
Freiburg · Basel · Wien

Originalausgabe

Alle Rechte vorbehalten – Printed in Germany
© Verlag Herder Freiburg im Breisgau 1993
Satz: G. Scheydecker, Freiburg im Breisgau
Druck und Einband: Freiburger Graphische Betriebe 1993
Umschlaggestaltung: Joseph Pölzelbauer
Umschlagmotiv: Jan Zrzavý, Besuch bei Abraham, 1912,
Nordmährische Galerie der bildenden Künstler in Ostrava
ISBN 3-451-04241-X

# INHALT

*Novelle nenne ich die Erzählung eines Schicksals, das sich als eine einzige Begebenheit darstellt, Anekdote die Erzählung eines einzelnen Vorgangs, der ein ganzes Leben erleuchtet.*

*Wie die Novelle, so ist auch die Anekdote eine Gattung der ‚verdichteten‘, das heißt leibhaft umrissenen Erzählung. Das gilt in gesteigertem Maße von der auf das Sagen intendierten Anekdote. Wie alles Psychologische, so ist ihr auch alles Ornamentale fernzuhalten; je nackter sie ist, um so mehr erfüllt sie ihre Aufgabe.*

*Martin Buber*

# ÜBER DIE JÜDISCHE WEISHEIT
# DES MAGISCHEN PRAG

$A$lt, sehr, sehr alt ist der Rabbiner. Weit über hundert Jahre alt. Manche glauben hundertundzwanzig. Denn zu oft wurden ihm, als er erst über achtzig war, nach dem alten jüdischen Brauch „ad meah v-esrim!", „hundertundzwanzig Jahre!" gewünscht. Und jetzt liegt er im Sterben. Die jüdische Gemeinde hat sich in dieser Abschiedsstunde bei ihm versammelt. Eine große Erregung. Alle flehen ihn an, die letzte Wahrheit, die letzte Erkenntnis seines langen, weisen Lebens zu offenbaren. Er solle sie nicht ins Grab nehmen! Die letzte Wahrheit! Die letzte Erkenntnis!

Der Rabbi öffnet langsam ein Auge, seine Lippen beginnen sich zu bewegen, und er flüstert mit den letzten Atemzügen:

„Alles – – – ist – – – – anders!"

Die Pointe dieser Geschichte, „Všechno je jiný!", hat sich in den vierzig Jahren der Herrschaft einer Heilslehre, die sich nicht nur wissenschaftlich, sondern auch unsterblich nannte, als geflügeltes Wort verselbständigt. Und die Erzählung über den uralten Rabbi gehörte zu den beliebtesten. Unter der geistigen Fremdherrschaft, die das Leben ruinierte, weckte sie Heiterkeit und Hoffnung zugleich: eine Hoffnung auf die Vergänglichkeit aller Mächte.

11

*Nach vierzig Jahren sind die endgültigen Wahrheiten der „reinen unsterblichen Lehre" zusammengebrochen. Nach den jüdisch-mystischen vierzig Jahren Not kam die Gnade. In Prag pulsiert das wiedergewonnene geistige und geschäftstüchtige Leben, und Millionen Besucher strömen in diese wunderbare und geheimnisvolle Stadt im Herzen Europas, die Angelo Maria Rippelino bewundernd „Praga magica" nannte.*

*Doch viel wurde von dem alten Prag durch böse Winde verweht, viel liegt so tief in der Erde versunken wie die bedrängten Grabmale auf dem alten jüdischen Friedhof, wo der legendäre Rabbi Löw ruht. Das Prag der drei Kulturen – der tschechischen, deutschen und jüdischen – wurde zerstört, als am 15. März 1939 wieder ein Eroberer auf die Prager Burg eilte, um auf die gedemütigte Stadt an der Moldau herunterzuschauen. Und das war ein kalter, verschneiter Tag, der tausend Jahre überdauern sollte. Welch ein absurdes Bild! Oben an dem Fenster der Burgresidenz ein gescheiterter Ansichtskartenmaler, dort unten zu seinen Füßen das Prag Mozarts und Smetanas, Mahlers und Dvořáks, das Prag Nerudas und Kafkas, Rilkes und Seiferts, das Prag des Farbendichters Kokoschka und des Okkultisten Meyrink, das Prag Max Brods, Franz Werfels und Karel Čapeks.*

*Aber Prag war immer schon auf Absurditäten gefaßt. Es bewältigte sie mit überlegener Kunst und Würde. In unserem Jahrhundert war es der alle Autoritäten untergrabende Humor des Anarchisten Jaroslav Hašek, den nicht einmal die lederne Lehrstückdogmatik Bertolt Brechts zu verderben vermochte. Aus dem befremdenden Phantasiebrunnen Franz Kafkas schöpfte der Prager Surrealismus, der das Theatrum mundi poetisierte;*

Kafkas Häuschen in der Alchimistengasse wurde liebe-
voll unter die Kleinode der Stadt aufgenommen. Durch
die Golem-Sage über den Kunstmenschen aus Ton, den
der Rabbi Löw belebte (und dessen Weisheit bewirkte,
daß ihn der Astrologenkaiser Rudolf II. zu sich auf die
Burg lud), ließ sich nach Meyrink auch Karel Čapek in-
spirieren. Čapeks Science-fiction ‚R. U. R.‘, ein Theaterstück aus dem Jahre 1920, gab der Welt den Begriff
„Roboter" – ein dienender, aber auch unberechenbar
wild herumtobender Kunstmensch. Und Egon Erwin
Kisch, der rasende Reporter, begab sich auf die Spuren-
suche des Golem-Grabes. Da mischt sich Okkultes mit
Groteskem.

Kisch brachte die Kunde darüber aus dem Ort seines
Fronteinsatzes in Galizien, aus Wola-Michowa, wo ihm
der Schammes, der nie in Prag war, die wahre Geschichte des Rabbi Löw (mit überlegener Bedeutsam-
keit, wie Kisch bemerkte) erzählte: „Ich kenn' mich aus
in der Stadt, vielleicht weiß ich mehr von Prag als ein
Prager". Geheime Wege verbanden die Sagen Prags mit
der Sagenwelt des jiddischen Elements des slawischen
Ostens. Der Synagogendiener in Wola-Michowa wußte
genau, wo die Überreste des Golem liegen, den vor
mehr als dreihundert Jahren Rabbi Löw mit dem
Schem, dem Pergamentröllchen mit dem Geheimnis
des Kryptogramms J-A-H-V-E, das er dem Wesen aus
Ton unter die Zunge legte, zum Leben geweckt hatte. In
Čapeks alarmierender Fiktion war die Genformel, die
das Geheimnis des Erfinders war, der Schem. Der Auf-
stand der Roboter war aber nicht aufzuhalten, und sie
fingen an, das Menschengeschlecht systematisch auszu-
rotten. Čapek war 1920 noch Optimist. Der Erfinder
gab schon der jüngsten Robotergeneration Gefühle, und

13

als der einzig verschonte Mensch beobachtete er glücklich ein Roboterpaar beim Beginn des uralten und doch immer neuen Liebesspiels. Der Schöpfermythos überflutete ihn: gehet und vermehret euch! ... Ein Neuer Adam und eine Neue Eva, der MENSCH und die GEBÄRERIN der jüdischen Thora, erneuern das Menschengeschlecht auf Erden. Es siegt die unverwüstliche Entelécheia des göttlichen Schöpfungsgedankens.

In diesem Sinne finden sich immer weitere Verflechtungen des tschechischen, deutschen und jüdischen Elements Prags. Es gibt auch Makaberes, und dieser charakteristische Zug jüdischer Anekdoten wurde zur tragischen Wirklichkeit. Eine hierfür typische Verkettung sei hier erwähnt. Im Januar 1937 wurde im Prager Nationaltheater das Theaterstück „Bílá nemoc", „Die weiße Krankheit" von Karel Čapek uraufgeführt. Das Sujet war ähnlich prophetisch wie die Vision der „Rossums Universal Robots": Der Diktator verkündet vom Balkon seiner Residenz den großen Eroberungskrieg, und als er sich beschwörend auf die Brust schlägt, spürt er zu seinem Entsetzen, daß seine Haut wie tot ist – Symptom der weißen Flecken, der tückischen Pest, die mit weißen Flecken beginnt und mit der Verwesung des Fleisches bei lebendigem Leibe endet. Nur ein ausgestoßener Arzt namens Galén – Symbol des Juden im Reiche Hitlers – kennt die Formel des rettenden Impfstoffs. Dieser erklärt sich aber nur dann bereit, den Diktator zu heilen, wenn er statt des Krieges den ewigen Frieden verkündet. Der Diktator gibt nach, aber es ist zu spät. Der von ihm fanatisierte Mob lyncht Galén, weil er nicht für Krieg und Sieg mitschreien wollte. Die Ampullen mit der rettenden Flüssigkeit werden zertreten ... Die Nazis haßten Čapek, der sich als Präsident des Internationalen Pen-Clubs protestierend gegen die Bücherverbrennungen und Verfolgungen engagierte. Sie haßten ihn so gründlich, daß sein Werk bis heute in Deutschland im Unterschied zu anderen Ländern so gut wie unbekannt geblieben ist. Nach der Eroberung Prags konnte Čapek nicht mehr verhaftet werden; er ruhte in seinem frischen Grab. Aber im KZ Bergen-Belsen wurde sein Bruder, der Maler Josef Čapek umgebracht. Dieser war es, der für Karel Čapek das Wort „Roboter" (von „robota" = tsch. „Fronarbeit") erfand.

Motive aus Karel Čapeks „Bílá nemoc" beeindruckten den Prager Schüler Schönbergs Viktor Ullmann, der mit dem Judenstern auf der Brust in das Getto Theresienstadt getrieben wurde. Ullmann, dieser katholisch getaufte Sohn eines getauften Offiziers der Donaumonarchie, war ein Anhänger der Anthroposophie Rudolf Steiners und typischer Prager aller Zungen. Čapeks Visionen finden sich in Ullmanns absurdem Singspiel aus Theresienstadt „Der Kaiser von Atlantis" wieder. Das ist ein Mysterium über den Tod, der dem Diktator verweigert, die Menschen in seinem Eroberungskrieg zu töten. Absurdität und Wunschdenken zugleich: „Bei Hinrichtungen tritt der Tod nicht ein!" – Der Tod nimmt sein Handwerk erst wieder auf, wenn der Diktator sein erstes Opfer sein wird. Zur Schilderung der trostlos verstreichenden Tage benutzte Ullmann das Requiem-Motiv Dvořáks, und zum Leitmotiv machte er das Todessymbol aus Josef Suks Symphonie „Asrael" von 1906, so genannt nach dem jüdischen Todesengel: eine makabre Blüte des tschechisch-deutsch-jüdischen Kulturelements Prags! Ullmann wurde am 18. Oktober 1944 nach Auschwitz zur

Tötung abtransportiert. In demselben Güterzug waren viele Köpfe des geistigen Prags zusammengepfercht. Unter ihnen war auch der sehr beliebte, tschechisch schreibende Feuilletonist Karel Poláček, Autor einer anmutigen Sammlung jüdischer Anekdoten.

Auch dieses Erzählgut gehörte zu den intellektuellen Stützen der Überlebenskunst mitten in den Absurditäten unseres Jahrhunderts. Die Schätze dieses Humors wurden von den Tschechen geradezu zärtlich weitergepflegt und in der Flüsterfolklore des „Protektorats Böhmen und Mähren" innoviert. In den jüdischen Anekdoten kommt oft die Identitätsfrage „Wie haben Sie mich (als Juden) erkannt?" vor. Das sind mehrere Erkennungsmerkmale in Aussehen, wie in der Mentalität; in gewissen Situationen ist es auch ein Detail im mittleren Körperbereich. Und diese Frage wurde zur Zeit des erhofften Zusammenbruchs des Tausendjährigen Reiches neu gestellt: Für Hitler und Göring ist Prag der letzte Zufluchtsort, und sie wollen eiligst ihre Uniform ablegen. Sie schließen sich in den Kabinen des Bahnhofs-WC ein, verstecken die Uniform in dem Koffer und ziehen sich Weiberkleider an. Maskiert mit Perücken und Brillen gehen sie an der Klofrau vorbei. Sie aber springt begeistert auf und begrüßt sie mit dem arischen Gruß: „Heil Hitler, mein Führer! Heil Hitler, Herr Reichsmarschall!" – „Wie haben Sie uns erkannt?", staunen sie. Und sie mit ihrer Fistelstimme: „Ich bin doch Goebbels!"

Nirgendwo werden so schöne jüdische Anekdoten erzählt wie in Prag. Dahinter verbirgt sich eine trotzige Haltung: Nachdem die Nazis durch ihre Endlösung unsere Juden umgebracht haben, wird das verlorengegangene jüdische Element mit einer Mischung aus

Nostalgie und Trauer im volkstümlichen Erzählgut wieder lebendig. Die braune Fremdherrschaft brach zusammen und die rote nistete sich wieder auf stolze tausend Jahre in Prag ein: Alles sollte „na věčné časy", „auf ewige Zeiten" dauern. Die alten jede Macht unterminierenden Anekdoten wurden umfunktioniert und neue im selben Geist erfunden. Laut einer Anekdote hat die Staatssicherheit so lange gesucht, bis sie das alte Väterchen, das all die antisozialistischen Witze erfindet, im Prager Žižkov-Viertel gefunden hat. Angesichts seines Alters wollen ihn die Genossen nicht mehr einsperren, sondern lediglich umschulen. Sie reden ihm ins Gewissen: Schauen Sie doch, ist das nicht im Sozialismus alles herrlich? Er wehrt sich: „Aber diesen Witz habe ich wirklich nicht erfunden!"

Die berühmteste Figur der Prager „jüdischen" Witze ist Herr Kohn. Genosse Staatspräsident Gustáv Husák sieht, von Zweifeln befallen, wie der Sozialismus unaufhaltsam bankrott geht. In der Not erinnert er sich des aus Prag geflüchteten, jetzigen Wirtschaftsberater im Weißen Haus, Herrn Kohn, und lädt ihn ein. Herr Kohn kommt, kassiert vorsorglich den Vorschuß, läßt sich alle Unterlagen vorlegen und schließt sich mit ihnen in der Gästesuite der Prager Burg auf eine Woche ein; er will nicht gestört werden. Er untersucht, ordnet, rechnet, vergleicht, kalkuliert. Ungeduldig und bedrängt wartet Genosse Gustáv Husák auf das Ergebnis. Endlich kommt Herr Kohn mit einer sorgenvollen Miene aus seiner Klausur heraus: „Eines kann ich Euch vertraulich raten: Lassen Sie eiligst das ganze Unternehmen samt allen Mobilien auf die gnädige Frau übertragen!" – Die Prager schmunzeln, wenn sie diese Anekdote erzählen. Denn Herr Kohn, der in den Staaten

Karriere – bis hin zum Aufstieg in das Weiße Haus – machte, ist im Inneren der gute alte, sympathisch geschäftstüchtige Prager geblieben.

Herrn Kohn und seinen Partner Roubitschek lassen sich die Prager nicht nehmen. Das ist unser *Kohn & Roubitschek*, und sie machen auch Geschäfte untereinander. Herr Kohn reklamiert bei Herrn Roubitschek die gelieferten Kerzen: Sie sprühen, die Dochte glühen und brennen nicht. „Aber Herr Kohn, brauchen Sie die Kerzen zum Leuchten oder zum G'scheften?" – Unser ist auch der Rabbi Löw. Sein Roboter aus Ton ist der Golem der „Alten tschechischen Sagen", die Alois Jirásek nacherzählt hat, der Golem des Dichters Vrchlický, der im Jahre 1900 zusammen mit Antonín Dvořák vom Kaiser Franz Josef zum Mitglied der Herrenkammer der Monarchie ernannt wurde, die heute unter den „alten guten Zeiten" anekdotisch verklärt erscheint. Das war unser *Golem*, den der surrealistische Poet Vítězslav Nezval zum genius loci machte:

> Du suchtest Poesie und findest Legende
> so sind sie also doch zu etwas nütze die
> Geschichten von Rabbi Löw
> es ist deine Geschichte Poesie
> es ist deine Geschichte wie sollte ichs verkennen
> du reichst mir die Hand aus fernen Jahrhunderten
> du warst es du gingst hinaus auf die steinerne
> Brücke
> um Audienz beim Kaiser zu erhalten ...
> du belebst den Ton und machst grimmige Wesen
> daraus
> du legst ihm den Schem in den Mund
> hundert Jahre oder eine Woche währt seine Kraft

*jeden Freitag muß man sie erneuern*
*und doch Poesie warum tötetest du den Golem*
*schrecklich ist die geheimnisvolle Schrift von der*
*Stirn zu wischen ...*

Zu den letztzitierten Versen ist folgendes zu erläutern:
Der Golem wird durch die Formel „Schem ham-
phorsch" belebt. Auf die Stirn wird ihm „emes", „die
Wahrheit" geschrieben, damit er wächst; wenn er aber
wild ist und Angst einflößt, wischt man ihm rasch das
„e" ab, so daß nur „mes", die „Leiche" bleibt, und diese
verwandelt sich in einen Haufen Staub. Dieser Vor-
gang wurde erst 1689 schriftlich fixiert, aber angeblich
waren immer schon manche, in der Kabbala bewan-
derte Rabbiner fähig, sich einen dienenden Golem zu
erschaffen. Mächtig ist das Zauberwort zur Belebung
der toten Materie! Die Romantik und namentlich
Goethe christianisierten dieses Sagenmotiv in dem
„Zauberlehrling". Welchen Anstrich dieses Motiv im
gemütlichen jüdischen Prag der 20er Jahre bekam, verrät folgende Anekdote, erzählt von Karel Poláček: Gestorben ist Leopold Munk, gestorben. Immer nur lustig,
gesund, rote Wangen und auf einmal ... Tot ist er und
Schluß. Kalt und regungslos liegt er einfach da. Seine
Familie ist um ihn herum versammelt, jammert und
weint.

Krauskopf tritt in die Stube des Verblichenen ein.
Was ist denn los? – Aber, unser Leopold Munk ist gestorben! – Wieso denn: gestorben? – Ja, gestorben, da-
gegen hilft kein Herumreden!

„Unsinn!", sagt Krauskopf. „Ich werde ihn beleben.
Holt mir ein Glas sehr guten Weins!"

Man bringt ihm den Wein. Krauskopf hebt den Kelch

hoch und ruft: „Leopold, auf dein Wohl!" – Er trinkt aus, aber der Tote reagiert nicht. Krauskopf schüttelt den Kopf: „Holt mir einen noch stärkeren Wein. Dieser war irgendwie zu schwach."

Der Wein wird gebracht. Krauskopf trinkt aus und ruft mit lauter Stimme: „Leopold, auf dein Wohl! Steh auf!" – Doch der Tote liegt weiter ganz still da. Krauskopf sagt etwas verdrossen: „Es nützt nichts, ihr müßt mir den stärksten Wein holen, den es gibt."

Man bringt ihm den allerstärksten Wein. Krauskopf trinkt aus und erhebt seine Stimme zum Schrei: „Leopold, ich sag' dir doch: Auf dein Wohl! Du sollst aufstehen!"

Der Tote ist nicht auferstanden.

Krauskopf schaut dem Toten eine Weile lang nachdenklich ins Gesicht, und dann sagt er mit Bewunderung:

„Wahrlich, das nenn ich totsein!"

Gibt es im kollektiven Unterbewußten Ahnungen nahender Katastrophen? In den jüdischen Anekdoten gibt es noch vor der „Endlösung" erstaunlich viel Makaberes. Und es wird mit befreiender Gelassenheit erzählt. Nach Tausenden von Jahren der Verfolgung weiß man: Jahve straft sein Volk, aber Jahve läßt es auch immer wieder aufleben. Das Taufwasser wischt seine Identität nicht ab. Es rettet denjenigen, den die Taufe zum Goj verwandelte, nicht. Man lebt mit dem Makaberen eng zusammen, aber man sehnt sich auch nach der Toleranz der Umgebung. Und so gibt es auch positive Vorahnungen, wie bei der Geburt Josef II., dieses Aufklärers und Freimaurers, der die Juden aus ihrer Isolierung befreite.

Am 24. April 1741, kurz nach der Geburt Josefs als

Thronfolger Maria Theresias, veranstalteten die Prager Juden einen prachtvollen Festzug. Der Bürgermeister des Judenviertels Simon Wolf Frankl ließ ihn auf einem Kupferstich abbilden. Der Festzug ist in sieben Schlingen dargestellt. Vorne schreitet ein Postillion, der auf seinem Horn Märsche bläst. Ihn verstärken zwei berittene Trompeter, hinter den jüdischen Gelehrten tanzt die Jugend zur Musik. In der Beschreibung werden die Details dargelegt: Der Synagogenkantor ließ an einigen Stellen anhalten, und die Kinder trugen Grüße an die Kaiserin und den neugeborenen Prinzen hebräisch vor. Die Zöglinge des Waisenhauses führte mit dem Gesang des zweiundsiebzigsten Psalmes ihr Lehrer. Für die Symbiose des tschechischen und jüdischen Elements ist kennzeichnend, daß auch Szenen aus dem tschechischen Brauchtum vorgeführt wurden, die Faschingsklibna, der Heiratsvermittler (das ist der „Kecal" aus Smetanas „Die verkaufte Braut"), Figuren aus tschechischen Märchen, gefolgt von dem auf einem Weinfaß sitzenden Bacchus. Das Ende des Festzugs stellte eine Musik mit der Bauernhochzeit dar. Alle waren dabei, die Prager Juden, Deutsche und Tschechen – in gegenseitiger Achtung und Toleranz. Wie eine Nachwirkung des Toleranzpatents des Kaisers Rudolf II. von 1609, aus der Zeit des Rabbi Löw, demzufolge alle Religionen gleichberechtigt nebeneinander existieren sollten.

Als Josef II. im Oktober 1781 das Toleranzpatent – historisch schon das zweite in diesem Land – erließ, war dieser Akt bereits durch das böhmische Freimaurertum geistig vorbereitet worden. Graf Franz Anton Spork, der 1712 Blaise Pascal übersetzte, bereiste auch Holland und England und stieß dort auf die Spuren des letzten Bischofs der „Böhmischen Brüder" Jan Amos

Comenius, des Vaters der modernen Pädagogik, der in seiner „Panegersia" die Menschheit auffordert, sich zur Erbauung des Tempels Salomons zu vereinigen: in Gerechtigkeit und Liebe, ohne Neid und Haß und im Frieden. Diese Grundsätze übernahm der Theologe Jakob Anderson für die Verfassung der Freimaurer, und Graf Spork gründete im Jahre 1726 in Prag die Freimaurerloge „Zu den drei Sternen", die erste in der Donaumonarchie. Graf Spork unterhielt auch eine Opernbühne und legte somit den Grundstein zu einer Entwicklung, die in der epochalen Uraufführung des „Don Giovanni" gipfelte, den der Freimaurer Mozart für Prag geschrieben hat. Hierzu noch ein anekdotisches Detail: Als im Jahre 1795 in dem Ständetheater, diesem Juwel der Prager Architektur, zum erstenmal ein Jude auf der Bühne stand – er hieß Hartung und sang den Sarastro in Mozarts „Zauberflöte" – und ersichtlich Lampenfieber hatte, spendete ihm das Publikum aus Sympathie im voraus Applaus, um ihn zu ermutigen.

Die tschechische Mentalität ist weitgehend durch Toleranz geprägt. Während Richard Wagners gehässige Schrift „Das Judentum in der Musik" von 1850 Wellen schlug, fand Friedrich Smetana, von den Konservativen paradoxerweise als „Wagnerianer" verschrien, im schwedischen Göteborg die besten Freunde unter den Juden. Besonders eng war er mit dem Synagogenkantor Nissen befreundet, und die schöne Jüdin Fröjda Benecke bezauberte ihn auf einem Ball derart, daß er die Tonchiffre ihres Namens f-e-d-a in das Klavierstück „Ball-Vision" hineinkomponierte. Frau Fröjda besuchte noch 1904 als alte Dame Prag, um noch vor ihrem Tod Smetanas Grab auf dem Vyšehrad-Friedhof zu sehen. Bleiben wir noch bei der Musik. Leoš Janáčeks Freundin Kamila Stösslová, Adressatin zahlreicher rührender Liebesbriefe, ruht heute auf dem verlassenen jüdischen Friedhof des südböhmischen Písek, aber sie wurde in Janáčeks fesselndem Streichquartett „Intime Briefe" musikalisch verewigt.

Ein gleichermaßen enges Verhältnis zum Judentum hat sich auch in Holland gebildet. In den Kneipen des durch die Nazis zerstörten jüdischen Jordaan-Viertels Amsterdams werden, in einer ähnlichen Mischung aus Nostalgie und Trauer, jiddische Klagelieder gesungen wie von einigen Gruppen im heutigen Prag. Was die Tschechen mit ihren Juden verbindet, ist die jahrhundertelange Erfahrung mit Unterdrückern, mit der Fremdherrschaft, mit Leid und Not. Eine Solidarität mit ähnlich Betroffenen.

Verwandt ist deshalb auch die Überlebenskunst mit Hilfe kleiner unbedenklicher Kniffe gegenüber sturen Mächten. Aus diesen Wurzeln ist der Humor des „Braven Soldaten Švejk" erblüht, der die Mentalität der Tschechen genauso mitgeprägt hat wie der selbstverspottende, oft makabere Humor der Prager Juden. Ethnopsychologisch ist es eine wichtige Feststellung. Einen Sinn für echten Humor entwickelten nur die Ethnien, die der Selbstironie fähig sind. Imperiale Völker sind deshalb auf diesem Gebiet um einiges ärmer. Wer stolz die Gloire seiner ‚Grande Nation' pflegt, dem müssen Selbstironie und Selbstverspottung fremd sein. Ein Russe, der nur unwillig sein Imperium in Auflösung sieht, wird nicht unbedingt dazu neigen, sich selbst zum Gegenstand von Witzen zu machen. Die russischen Čukča-Witze (der Čukča gleicht etwa dem Ostfriesen der Westdeutschen) sind gehässig und lassen, wie auch die russischen Witze über den Juden

Rabinovič, den Esprit vermissen. Es scheint, daß erst die Ostdeutschen unter der Herrschaft einer Partei, die „immer recht" hatte, mit der Fähigkeit zur Selbstironie echten Humor entwickelt haben. (Zukunftsvision angesichts der steigenden Flucht aus der DDR: Im Kommunismus sind keine Personalausweise mehr nötig: Genosse Honecker kennt nun jeden Bürger persönlich.) Im Humor des britischen Volkes kann etwas nicht ganz stimmen, wenn es noch immer in der Lage ist, sich angesichts des wiederholten Stolperns des Butlers in „Dinner For One" vor Lachen zu biegen. Die besten „englischen" Anekdoten werden übrigens in Prag erzählt. Ihr Held ist ein alternder und betont distinguierter Lord, dem die sexuellen Bemühungen lästig, ja peinlich sind, und der mit wenigen, gemessenen Worten auskommt. In dem English Speaking Club sitzt ihm gegenüber ein Gentleman und liest in der Financial Times. Als er zum dritten Male ein „well" fallen läßt, erhebt sich der Lord und geht weg: „Unerträglicher Schwätzer!" – Eine Straßendame bietet unserem Lord in einer ziemlich dunklen Londoner Gasse ihre Gesellschaft für die Nacht an. Er bleibt stehen, zieht wortlos eine 100-Pfund-Banknote heraus und gibt sie ihr. Sie ist erstaunt, verwirrt, verlegen: wofür? Er: „Für Ihr Vertrauen, Madame".

In den 40 Jahren Ungnade bis zur Wende 1989 kam es in Prag zu einer seltsamen Symbiose zwischen Kafka und Hašek. Die grandiose, absurde Verurteilung des Josef K. (in Kafkas „Prozeß") wurde angesichts der unerreichbaren und unbeeinflußbaren Institutionen als Aktualität empfunden. Ihr wurde aber mit der Strategie der Unterminierung durch Lächerlichmachen begegnet. Beliebt waren Sprachparadoxien, die die erlebte

24

„kafkárna" (das institutionalisierte Kafkaeske) weckte. „Absurd, aber logisch"; „Einige Menschen sind alle dieselben"; „Wäre ich nicht geboren, hätte ich eigentlich nichts verpaßt". Das war unser Franz Kafka, der daraus sprach. Und auch aus Sprüchen wie: „Nie war es so schlimm, daß es nicht noch schlimmer sein könnte"; „Das ist noch nichts! Laut Marx wird der Kommunismus noch folgen!"

Als im Kreml zuletzt nur noch Greise herrschten, gab es Witze über die „unsterbliche wissenschaftliche Lehre des Marxismus-Senilismus". Das ist ein typisch jüdisches Spiel mit Assonanzen. Und dieses Spiel der Euphonie wurde auf die betriebene Volksaufklärung übertragen. Da bemüht sich ein Genosse von der Parteihochschule dem Publikum in Dolní Počáply die Lehre von Karl Marx zu erklären. Er redet und redet, Marx hier, Marx da, zwei Stunden lang. Dann soll diskutiert werden. Keiner meldet sich. Bedrückende Stille. Endlich hebt ein Väterchen in der letzten Reihe seine Hand. Gehorsam, wie er es noch bei seinem Militärdienst in der K. und K. Monarchie gelernt hat, steht er auf und trägt sehr vorsichtig seinen Einwand vor: „Also – ich muß wohl sagen – der Genosse aus Prag hat sehr schön gesprochen ... Sehr schön! ... Aber das Wichtigste hat er uns doch nicht gesagt! Also: Gibt es auf dem Marx die grünen Männlein oder nicht?"

Was an diesem abtrünnigen Judensohn aus Trier reizte, war ,Das Kapital'. Ausgerechnet dieses Thema machte er zu seinem Lebenswerk! Als es in Prag 1966 scheue Ansätze zu einer Marktwirtschaft gab, wollte man die Ladenhüter los werden. Plötzlich waren alle drei solid gebundene Bände des Marxschen ,Kapitals' für nur drei Kronen (umgerechnet etwa 20 Pfennige) zu haben! „Siehst du? Was wir schon im Sozialismus erreicht haben! Für arme drei Kronen kannst du jetzt vielversprechendes Kapital erwerben!" – und so ähnlich lauteten die Witze. Und man wußte den Unterschied zwischen Ostdeutschland und Westdeutschland zu definieren: In diesem geteilten Land wird alles geteilt: die im Osten haben den Marx, die im Westen das Kapital. Mit dieser Heiterkeit wurde die im folgenden zitierte Variante einer alten jüdischen Anekdote erzählt, in der unser Herr Kohn aus Prag dem Artgenossen Marx in einem großen Sack die unerwünschten „Zinsen von seinem Kapital" zuschiebt.

Humor ist die Waffe Wehrloser, aber intellektuell Überlegener. In einer christlichen Anekdote aus Prag gewinnt ein Jude Sympathie, indem er pfiffig reagiert, wenn ihm ein Getaufter dumme Fragen stellt.

Herr Rath steht hinter dem Pult in seinem ärmlichen Laden, wo er „Kolonialwaren" verkauft, zu denen auch selbsteingelegte Gurken und Salzheringe im Faß gehören. Ein Christ kommt herein und beginnt, im Grund der sprichwortartigen jüdischen Weisheit zu stöbern. „Warum seid ihr Juden eigentlich so klug, so gescheit? Wie macht ihr das?" – „Das ist ganz einfach", erklärt Herr Rath. „Wir essen oft Köpfe von Salzheringen. Das ist fürs Gehirn gut!" Der Kunde will es nicht glauben. „Also dann probieren Sie es! Schauen Sie, da hab ich gerade einen Kopf übrig." Mißtrauisch beginnt der Kunde zu kauen. Im Mund brennt und sticht es, ekelhaft, scheußlich. „Sind es wirklich Köpfe von Salzheringen, die euch so gescheit machen?", fragt er mit einer Miene, die Nachdenklichkeit verrät. Herr Rath antwortet mit einer Miene fester Überzeugung: „Sehen Sie? Es wirkt!"

*Lesen wir also, Christen wie Nicht-Christen, diese bescheidene Sammlung jüdischer Anekdoten aus Prag. Es wirkt!*

# GEFUNDEN, GEHÖRT UND WEITERGEGEBEN

*JAHVE – GOTT, DER MIT SICH REDEN LÄSST. Darin,*
*wie Jahve in den jüdischen Anekdoten angesprochen*
*wird, liegt etwas Überlegenes gegenüber dem Christen-*
*tum. Das ist Jahve, dem Hiob Unrecht vorwirft, mit*
*dem er streitet, und der mit ihm redet. Er redete mit*
*den Propheten und war immer da, vertraulich anwe-*
*send. Aus diesem Gott der Juden wurde Gott der Vater,*
*und dieser bedarf in der Neuzeit einer „Theodizee",*
*einer Verteidigung – ein Begriff, den Leibniz prägte: Ver-*
*teidigung, daß die Untaten der Menschen auf Erden*
*nicht sein Werk sind. Das war die Inquisition mit ihren*
*Folterungen und Verbrennungen der Ketzer und als*
*Hexen beschuldigter Frauen bei lebendigem Leibe, das*
*waren Kriege mit mordender Soldateska, das waren*
*am Ende GULAG und Auschwitz. Jahve ist anders.*
*Im Prager jüdischen Anekdotengut bedarf er keiner*
*Theodizee.*

Herr Steinwald steht vor dem Konkurs, und in der
Klemme fleht er Jahve an: „Du gütiger Gott im Himmel, laß mich nicht untergehen! Du hast Dich doch
ganz fremder Menschen erbarmt, warum also nicht mei-
ner?"

Diesmal am Sabbat betet Herr Polatschek in der Synagoge auf besondere Art und Weise. Seine inbrünstige
Stimme wird immer aufgeregter, die Worte kommen immer lauter aus ihm heraus, die Gesten werden immer
energischer, stürmischer.
    Da legt ihm der Schammes tröstend die Hand auf die
Schulter:

„Aber Herr Polatschek, schreien Sie doch nicht unseren Jahve an! Glauben Sie mir, in Güte läßt sich mit ihm alles besser abwickeln!"


Der alte Nathan erzählt seinem Freund Baruch über den hiesigen Rabbiner lauter befremdende, wundersame Sachen.

„Ob du es mir glaubst oder nicht: Unser Rabbi schließt sich in seiner Stube ein, er ißt nicht, er trinkt nicht, und die ganze Woche lang redet er mit Jahve."

„Aber Nathan, wer hat es dir gesagt?"

„Der Rabbi selbst hat es mir erzählt!"

„Meinst du nicht, daß er lügt?"

„Lügt? Glaubst du, daß Jahve sich mit einem Lügner unterhalten würde?"


Herr Moser betet so inbrünstig, daß ihm plötzlich der Erzengel Gabriel erscheint. Herr Moser zeigt keinerlei Überraschung und nutzt die Gelegenheit zu Erkundungen:

„Lieber Gabriel, was sind hunterttausend Jahre für Jahve?"

„Hunderttausend Jahre, das ist für Jahve eine Minute."

„Und was sind für Jahve hunderttausend Kronen?"

„Hunderttausend Kronen sind für Jahve ein Heller."

„Sehr verehrter Herr Erzengel, verlieren Sie doch bei ihm ein gutes Wort für mich, daß er mir einen Heller schenke!"

Erzengel Gabriel verschwindet, und nach einer Weile erscheint er wieder:

„Du sollst eine Minute warten."

Herr Kohn geht die Straße runter und jammert. Begegnet ihm Herr Pollack.

„Was ist denn los? Was ist passiert?"

„Oh Weh! Oh Weh! Mein einziger Sohn hat sich taufen lassen, er ist Christ geworden!"

„Das sagt Ihr ausgerechnet mir? Mein einziger Sohn ließ sich auch taufen und ist Christ geworden! Oh Weh! Oh Weh!"

Sie gehen weiter und jammern beide. Begegnet ihnen Herr Stein.

„Was ist denn los? Was ist euch passiert?"

„Weh! Oh Weh! Mein einziger Sohn ließ sich taufen und ist Christ geworden!" – klagen beide.

„Und das sagt ihr ausgerechnet mir? Mein einziger Sohn hat sich auch taufen lassen und ist Christ geworden! Weh! Oh Weh!"

Alle drei jammern und gehen in die Synagoge. Dort rufen sie und flehen Jahve an und klagen: „Mein einziger Sohn ist Christ geworden! Mein einziger Sohn ist Christ geworden …!"

Und da ertönt von oben eine erhabene, tiefe Stimme:

„Und das sagt ihr ausgerechnet mir? …"


Herr Moscheles ist gestorben, geht direkt zur Himmelspforte und klopft an. „Halt! Zurück! Das geht nicht. Wir wissen hier alles über Euch, da steht es, Ihr habt sündig Karten gespielt und obendrein noch gemogelt!"

Da beginnt Herr Moscheles zu feilschen, die Überredungskünste des Vertreters der Firma Roubitschek anzubringen, damit man ihn doch hineinläßt. Selbst Jahve will sich erkundigen, was denn hier los sei. Und er bestätigt:

„Nein, ausgeschlossen. Ich will hier keine Falschspieler haben!"

„Also wenn das so ist, dann soll der Zufall entscheiden", schlägt Herr Moscheles vor. „Laßt uns eine kleine Partie spielen, und wenn ich gewinne, bleibe ich im Himmel, wenn ich verliere, gehe ich in die Hölle."

Jahve lächelt und gibt nach. Erzengel Gabriel mischt die Karten, und Jahve beginnt auszuteilen. Da unterbricht ihn Herr Moscheles:

„Halt! Aber eines erbitte ich mir: keine Wunder!"

Lenin ist gestorben und geht, sich seiner Sache sicher, direkt zur Himmelspforte und verlangt Einlaß.

„Halt!" Wir haben unsere Anweisungen: Du gehörst nach unten, in die Hölle!"

Lenin kehrt enttäuscht zurück, findet keine Ruhe und spukt um den Kreml herum. Begegnet ihm Herr Kohn und fragt ihn nach dem Grund der Aufregung. Lenin beschwert sich verbittert, welchen Lohn er jetzt dafür kriegen würde, da er doch begonnen habe, das Paradies auf Erden zu bauen. „Tausend Rubel Vorauszahlung und einen sicheren Platz in dem Paradies auf Erden, wenn Ihr mir helft, in den Himmel zu kommen!"

Geschäft ist Geschäft, und Sicherheit ist Sicherheit. Kohn überlegt und sagt dann:

„Also gut. Gehet noch einmal hin und fragt, ob ein gewisser Karl Marx, Handel in Textilien Trier, dort ist!"

Lenin ist erleichtert, den kennt er doch. Und er pocht von neuem an die Himmelspforte und fragt nach dem Genossen Marx. Unsicherheit, Murmeln. Man muß sich bei Jahve Rat holen, und der läßt ausrichten: Von Genossen nehmen wir nur Juden rein, du bist keiner, also runter in die Hölle!" Lenin kehrt ganz traurig zurück. Kohn tröstet ihn: „Ich schaff's doch noch!" Er nimmt einen großen Sack, befiehlt Lenin hineinzukriechen, schnürt den Ranzen fest zu und schleppt ihn zur Himmelspforte, klopft und ruft: „Aufmachen! Da hab ich etwas für Karl Marx, Handel in Textilien Trier: Zinsen von seinem Kapital!"

*DAS JÜDISCHE VERHÄLTNIS ZUR MUSIK ist mit dem sprichwörtlichen Böhmischen Muskantentum verwandt. Wer beides kennt, den kann die Anmut mancher melodischer oder volkstümlich tänzerischer Stellen aus Gustav Mahlers Symphonien nicht überraschen. Die Geschichte von der „Seele des Spielmanns" aus Martin Bubers wertvoller Sammlung „Die Erzählungen der Chassidim" gehört zwar nicht zum Schatz der Prager Anekdoten, führt uns aber in die besondere Neigung der Juden zur Musik ein. Darin erstrahlt das farbenprächtige Bild des Geigers von Marc Chagall, des Opas, der auf dem Dach seines Häuschens irgendwo in Galizien sitzt und geigt. Man kann begreifen, warum Herrn Bloch die Musik Richard Wagners schwülstig klingt und ihm den Magen drückt. Zumal wenn es um „Parsifal" geht, mit der Umwandlung des Ahasver-Motivs in den ewigen Fluch der gedemütigten Jüdin Kundry. Und wenn man an die berüchtigte Schrift Wagners „Das Judentum in der Musik" denkt, die mit dem heute schaudererweckenden Satz endet, mit dem Wagner die Juden anspricht: „Aber bedenkt, daß nur eines eure Erlösung von dem auf euch lastenden Fluche sein kann: die Erlösung Ahasvers, – der Untergang!" – Aber fangen wir lieber mit der Erzählung Martin Bubers an.*

Es wird erzählt: Um Mitternacht kam einst eine Stimme in die Kammer des Maggids von Kosnitz und klagte: „Heiliger Israels, erbarme dich einer elenden Seele, die seit zehn Jahren von Wirbel zu Wirbel irrt." – „Wer bist du", fragte der Maggid, „und wie hast du dein Erdenleben vollbracht?" – „Ein Spielmann war ich", sprach die Stimme, „die Zimbeln waren mein Instrument, und ich hab gesündigt, wie alle fahrenden Spielleute sündigen." – „Und wer hat dich zu mir geschickt?"

Da stöhnte die Stimme auf: „Ich habe ja auf des Rabbi Hochzeit gespielt, und Ihr lobtet mich und wolltet mehr hören, und ich spielte ein Stück ums andre zu Eurem Wohlgefallen."

„Weißt du noch die Melodie, die du spieltest, als sie mich unter den Trauhimmel führten?"

Die Stimme sang die Melodie.

„So soll dir am kommenden Sabbat Erlösung werden", sprach der Maggid.

Am Freitagabend darauf sang der Maggid vor dem Vorbeterpult das Lied ‚Auf, mein Freund, der Braut entgegen' in einer Weise, die niemand kannte und in die die Sänger nicht einzustimmen vermochten.


Folgende Anekdote ist die Nacherzählung eines wirklichen Ereignisses aus dem Leben Gustav Mahlers. Er wurde in dem Dörflein Kaliště nordwestlich von Iglau (Jihlava) geboren. Seine Eltern zogen bald mit ihrem Söhnchen in diese Stadt an der mährischen Grenze um. Die in ihrem Hause dienende tschechische Magd sang von morgens bis abends, und Gustávek kannte bald den Großteil ihres Liedschatzes auswendig und sang ihn begeistert nach.

In Iglau stand eine geräumige Synagoge. Gustavs Mutter nahm den kleinen Sänger – er war ein Bub von etwa drei bis vier Jahren – zum erstenmal in die Synagoge mit. Gustávek war entzückt. Der gekonnte Gesang des Synagogenkantors fesselte ihn. Aber als die Gemeinde mit ihrem Gesang dem Kantor zu antworten begann und das Durcheinander der Stimmen dem feinen Gehör des Buben Schmerzen bereitete, schrie er, sich an Mamas Rock krampfhaft haltend, auf:

„Ruhe! – Ruhe! Das ist furchtbar!"

Alle erstarrten und waren mit einmal still. Da begann Gustávek aus voller Lunge sein Lieblingslied zu singen: ‚At' se pinkl házi ...' – Schnell wurde ihm der Mund verstopft; er konnte nur noch herausstoßen: ‚hrázi! ...'. Zu Hause zog der Vater die Magd zur Rechenschaft: Sie sollte ihm das anstößige Lied vorsingen! Und sie stimmte laut und vergnügt die Geschichte von dem ‚pinkel' (das Säcklein der Landstreicher) an:

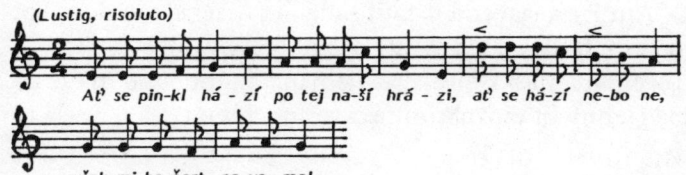

Šel tuláček malý – z Uher do Moravy,
a hned v první hospodě – tancoval jak na vodě.
Tancoval jak blázen – pinkl se mu házel,
s Marjánou a Kačenou – před tou naší hospodou.
At' se pinkl házi – na tej naší hrázi,
at' se házi nebo ne – však mi ho čert neveme! ...

(Es wanderte ein kleiner Landstreicher – von Ungarn nach Mähren,
und gleich in der ersten Kneipe – tanzte er flink wie der Wind.
Und er tanzte wie verrückt – ließ das Säcklein hüpfen
mit Mariane und mit Käthe – draußen vor der Kneipe.
Soll das Säcklein hüpfen bis es platzt,
soll es hüpfen oder nicht – daß es mir kein Teufel stiehlt! ...)

38

Steckt nicht in diesem etwas unanständigen Lied schon die Uridee zu Mahlers ‚Lieder eines fahrenden Gesellen'? Oder gar die Kunst, Triviales als die Schönheit des Lebens, so wie es ist, darzubieten?

Der tschechische Kapellmeister des Prager deutschen Theaters František Škroup wagte es, dem damals verfolgten Richard Wagner eine ganze ‚Wagner-Woche' aus seinen Opern ‚Tannhäuser', ‚Lohengrin' und ‚Der fliegende Holländer' zu veranstalten. Das war im Jahre 1856, und schon im folgenden Frühjahr wurde Škroup wegen seiner allzu großen Tüchtigkeit entlassen, und er, der Autor der Nationalhymne „Wo ist mein Heim?", starb 1862 als Emigrant in Rotterdam. Aber dann entfaltete sich in dem deutschen Theater ein Wagner-Kult. Nun muß man bedenken, daß ein Großteil des Publikums aus Prager Juden bestand. Was soll man sich bei einem ‚Parsifal' schon denken? Zwei schöne Anekdoten erzählen darüber. Hier die erste:

Wer weiß schon, wie es dazu gekommen ist: Herr Kohn hat kostenlos eine Eintrittskarte zu ‚Parsifal' bekommen. Er geht hin. Am anderen Tage begegnet ihm Herr Roubitschek.

„Also wie war's?"

„Furchtbar", antwortet Herr Kohn. „Um halb zwölf guckte ich auf die Uhr, und es war halb neun!"

Herr Bloch läßt es sich nicht ausreden, und geht in die Vorstellung des ‚Parsifal'. Es sei eine sehr schöne Musik, hat er immer gehört, und er ist neugierig.

Der Karfreitagszauber wird gespielt, und bei der leisen

Musik ist zu hören, wie Herr Bloch etwas murmelt. Immer wieder: Spannung im Gesicht, dann herzliches Lachen. Kein „Psssst!" kann ihn bremsen.

In der Pause Empörung, Herr Bloch wird fast handgreiflich zur Verantwortung gezogen.

„Was soll ich tun?", wehrt er sich. „Alles ist so furchtbar lang, und die Musik drückt mir den Magen. Also erzähle ich mir Witze."

Es gibt ein althebräisches aus dem Widderhorn gefertigtes Instrument, das zum Abschluß der Yom-Kippur-Andacht oder zur Ankündigung des Sabbats geblasen wird. Es ist eine Ehre, es blasen zu dürfen! Es heißt Schofar, und Karel Poláček notierte bezüglich dieses Namens eine herzige Geschichte, die wir nacherzählen wollen.

Herr Schöne ist neidisch auf Herrn Hübsch, da jener bei der Yom-Kippur-Andacht Schofar blasen darf. Er will ihm die Freude verderben und schüttelt ihm Erbsen hinein. Herr Hübsch will blasen, aber kein Ton kommt heraus. Die Gemeinde wartet – nichts, nur irgendein Quiek und leere Luft.

Weil Herr Schöne der einzige ist, dessen Miene Schadenfreude verrät, ist es nicht schwierig dahinterzukommen, wer diesen Skandal verursacht hat. Herr Hübsch klagt Herrn Schöne wegen Ehrverletzung an. Der Richter, natürlich ein Christ, der vom Schofar und seiner Bedeutung keine Ahnung hat, hört sich die Klage an, und dann fragt er:

„Und was ist Schofar?"

Der Kläger zuckt die Achseln und sagt: „Schofar ist doch Schofar!"

„Das ist keine Antwort", tadelt ihn der Richter und

wendet sich an den Angeklagten, er solle das erläutern. Dieser zuckt die Achseln und erklärt:

„Schofar ist einfach Schofar!"

„So geht es nicht", meint der Richter, und läßt einen Sachverständigen in hebräischen Sachen rufen.

Der Sachverständige denkt nach, überlegt, und dann versucht er, es dem Richter beizubringen.

„Wissen Sie, Herr Richter, das ist so. Schofar ist sozusagen ein Schofar, das geblasen wird ..."

Der Richter wird schon wütend, droht dem Sachverständigen mit Geldbuße für Mißachtung des Gerichts. Der Sachverständige denkt intensiv nach, und dann sagt er zögernd:

„Wissen Sie, Schofar, das ist so eine Art Trompete."

„Da sehen Sie, jetzt können Sie es erklären, wie es sich gehört! Nun weiß ich schon, was Schofar ist!" Er fällt das Urteil.

Das Verfahren ist abgeschlossen, aber alle drei, der Kläger, der Angeklagte und der Sachverständige, stürzen sich einträchtig auf den Richter und sprechen mit einer Zunge:

„Damit Sie es nur wissen, Herr Gerichtsrat! Schofar ist keine Trompete! Das ist Schofar und nichts anderes!"


Und noch eine musikalische Geschichte, die das den Tschechen so sympathische, genauso kleine und in seiner Existenz oftmals bedrohte Land der Finnen betrifft. Diese Sympathien wurden auch durch den Tauschwert der finnischen Mark auf dem sozialistischen Schwarzmarkt gefestigt: Sie stand immer gut im Kurs.

Herrn Roubitschek verschlägt es auf seiner Flucht

durch Zufall nach Finnland. Er erkennt bald, daß es dort nicht leicht ist, im Handel Fuß zu fassen, und versucht, seine Erfahrungen auf dem Gebiet der Förmlichkeiten anzubringen. Und so steigt er zum Regierungsberater in Sachen diplomatischen Zeremoniells auf.

Das passiert in der Zeit der Friedensoffensive Brežnevs. Eine Friedensmission der Sowjetunion trifft in Helsinki ein. Viele Militärfahrzeuge, rote Transparente mit gelben Parolen der ewigen Freundschaft, lauter Generäle! Und Marschal Budoněnko selbst als Delegationsleiter. Er will unbedingt, als Zeichen der unzertrennlichen Freundschaft, einen Kranz auf das Grab des Unbekannten Soldaten legen.

Was tun? In Helsinki gibt es keines!

Herr Roubitschek weiß Rat: „Wir führen sie einfach zu dem Sibelius-Denkmal. Die Inschrift in Lateinbuchstaben können die sowieso nicht lesen, sie kennen nur ihre Asbuka und können das nicht durchschauen."

Das Zeremoniell verläuft wie geplant. Zwei Sowjetsoldaten mit weißen Handschuhen tragen den Kranz des Genossen Brežnev im Stechschritt zum Denkmal, legen es zu den Füßen der Statue; Genosse Marschall Budoněnko legt die roten Maschen mit den Asbuka-Texten zurecht. Beim Bankett ist unser Roubitschek als Kenner der slawischen Sprache mit Marschall Budoněnko zusammen, und dieser stößt Krimskoje Šampaňskoje auf sein Wohl und die Freundschaft der Völker an. Marschall Budoněnko hat sich aber mittlerweile alles durch den Kopf gehen lassen und schöpft einen Verdacht.

„Slušajte, gospodin Raubiček! Auf dem Denkmal konnte ich das Wort SI-BE-LI-US lesen. War der Sibelius nicht ein Musiker? Was hat das auf dem Grab des Unbekannten Soldaten zu bedeuten?"

Herrn Roubitschek bringt das nicht aus der Fassung: „Da, da, Musiker war er schon. Aber als Soldat – völlig unbekannt!"

*GESCHÄFT IST GESCHÄFT, auch wenn es miserabel läuft. Zu einer solchen Haltung wurden die Juden durch die Erlasse der Herrscher gezwungen. Die Juden durften keinen Boden besitzen, es blieben also Handwerk und Handel als Existenzgrundlage übrig. Eine Ausnahme schufen die russischen Zaren: Juden, die in der Armee gedient hatten, bekamen Boden zum Beackern als Abfindung. Aber wo! Im fernen Sibirien, in Jakutien. Stalin, dem roten Zaren, hat dies sehr gefallen, und er spielte schon mit dem Gedanken, alle Juden der Sowjetunion nach Jakutien zwangsumzusiedeln und dort eine jüdische Autonome Republik zu gründen. Als Bebauer der Erde haben sie sich dann aber in ihrer wiedergewonnenen Heimat bewährt, in den Kibbuzim. Bleiben wir aber in Prag, gönnen wir uns einen Einblick in sein geschäftstüchtiges Leben. Es hat seine Regeln und auch seine Moral. Sára kommt nach Hause mit einer unerwarteten Neuigkeit: „Birnfeld ist tot!" – „Ja, ja", sagt Herr Kohn bedachtsam. „Er sollte nicht póvl verkaufen!" (póvl bedeutet eine minderwertige Ware, auf die der Kunde hereinfällt). Man ist Lebenskünstler. Irgendwie ernährt man sich vom Laden, auch wenn er Pleite gehen sollte.*

„Ich sag Euch, Mendel, schlechte Zeiten, schlechte Zeiten!" beklagt sich Herr Moscheles. „Jede Woche muß ich tausend Kronen in das Geschäft stecken!"

„Und warum schließen Sie es nicht, Herr Moscheles?"

„Unsinn! Wovon sollte ich leben?"

Wenn in Böhmen jemand Konkurs macht, sagt man: „přišel na buben" (er ist auf die Trommel gekommen). Die zwei Stadttrommler kündigen die Neuigkeit an jeder Straßenecke an, damit man weiß, daß das insolvente Unternehmen versteigert wird.

Es passiert also, daß vor dem Hause Herrn Birnfelds zwei Trommler stehenbleiben und die Trommeln rühren. Herr Birnfeld ist zwar etwas in Bedrängnis, geht aber vor die Ladentür und ruft:

„Warum trommelt ihr ausgerechnet vor meinem Laden? Ich bin doch nicht pleite!" Dann macht er eine Pause, denkt nach und sagt:

„Also gut! Wenn ihr schon einmal da seid, trommelt weiter! ..."


Ohne Überredungskunst lassen sich keine Geschäfte machen. Herr Winternitz hat einen Laden mit Glas und Bilderrahmen und muß sich sehr anstrengen, um sich über Wasser zu halten. Einmal kommt ein Mütterchen herein und will Hinterglasmalerei haben. Ausgerechnet den heiligen Václav, den Patron des Landes, den er nicht hat. Herr Winternitz weiß sich aber Rat und bietet ihr den heiligen Florian an.

„Das ist aber nicht der heilige Václav", wendet das Mütterchen ein. „Heiliger Václav hat ein Roß!"

„Und wer sagt Euch, daß dieser kein Roß hat? Sehen Sie sich ihn an. Was hält er in der Hand? Eine kleine butýnka. Und warum? Weil er soeben sein Roß getränkt hat."

Herr Goldstein hat eine sehr attraktive Frau. Sein Freund Braunfeld nimmt ihn am Arm beiseite und sagt ihm vertraulich:

„Mensch, bist du blind? Deine Frau hat vier Liebhaber!"

„Was heißt: blind?", sagt Herr Goldstein sachlich. „Ich nehme lieber an einem guten Unternehmen mit zwanzig Prozent teil als an einem schlechten mit hundert Prozent."

Herr Goldstein nimmt seinen noch sehr jungen Sohn in seinem Kontor in die Lehre. Und er sucht auch schon für ihn eine Braut aus wohlhabender Familie aus.

„Aber die will ich nicht!", wehrt er sich. „Ich liebe Ida Stein, und auch wenn sie kein Geld hat, werde ich mit ihr glücklich, ich weiß es!"

„Glücklich oder nicht: Meinst Du, daß du mit ihr einen guten Umsatz machst?"

David Barches fängt als armer Geschäftsreisender an, arbeitet sich mit der Zeit aber zum Chef der Firma Barches & Co. hoch.

Es passiert, daß er dunkle Geschäfte mit Wechseln macht und für drei Jahre im Gefängnis landet.

Er muß in das Pankrác-Kriminal einrücken. Der Direktor empfängt ihn und bietet ihm gute Bedingungen an:

„Schauen Sie, Herr Barches. Sie sind doch intelligent. Deshalb dürfen Sie sich bei uns die Beschäftigung aussuchen. Wollen Sie Papierbeutel kleben, Körbe flechten, Säcke nähen oder eine Buchbinderlehre antreten?"

„Herr Direktor! Ich sehe, Sie haben hier viele Unternehmen. Ich mache Ihnen ein Angebot: Sie produzieren, und ich arbeite wieder so, wie ich angefangen habe: Schicken Sie mich als Geschäftsreisenden auf Tour!"

Rosenblatt und Eichelbaum wollen eine gemeinsame Firma gründen. Sie verhandeln und hadern bereits stundenlang. Der Notar ist schon ganz nervös und will sie rausschmeißen.

„Warten Sie mal, Herr Notar, wir haben uns schon geeinigt. Schreiben Sie folgendes auf: Sollte das Unternehmen in Konkurs geraten, wird der reine Gewinn in zwei gleiche Hälften geteilt."

Herr Porges will Herrn Bloch dazu bewegen, daß er bei ihm, damit das Geschäft überhaupt läuft, einen Koffer auf Kredit kauft.

„Geben Sie mir Ruhe! Was soll ich mit dem Koffer?"

„Sie können in ihm Ihren Anzug lagern."

„Ja! Denken Sie! Ihretwegen soll ich nackt herumlaufen?"

Arthur Porges bekommt, wie es in schlechten Zeiten oft passiert, wieder eine Mahnung. Er ist in Rage, setzt sich und schreibt folgenden Antwortbrief:

„Sehr verehrter Herr! Sie haben sich erlaubt, mir einen frechen Brief zu schreiben. Ich mache Sie darauf aufmerksam, daß ich alle Rechnungen des laufenden Jahres in einer Schublade sammle. An Neujahr mache ich die Augen zu, mische alles durcheinander, ziehe eine Rechnung heraus und bezahle sie. Wenn Sie es noch einmal wagen, mir eine so dreiste Urgenz zu schicken, sind sie von der Verlosung ausgeschlossen.

Mit vorzüglicher Hochachtung, Ihr Arthur Porges."

Reinberger, der Geschäftsreisende, will Herrn Steinfeld zur Abnahme überreden. Zwei Stunden redet er schon, kann aber nichts verkaufen. Resigniert packt er die Kollektionen wieder ein, stellt sich in die Ecke und beginnt das Gebet für die Toten zu murmeln.

Herr Steinfeld erschreckt: „Was macht Ihr denn? Wer ist gestorben?"

„Sie, Herr Steinfeld", sagt Herr Reinberger mit trauriger Stimme. „Sie sind für mich ein toter Mann."

Herr Roubitschek vermittelt Immobilien. Er lockt einen Interessenten zum Kauf eines Hauses.

„Stellen Sie sich das vor. Eine Villa, etwas Delikates. Und in einer wunderschönen Lage. Die Villa steht direkt über der Moldau. Sie ziehen sich in Ihrem Schlafzimmer die Badehose an. Sie gehen auf den Balkon. Und Sie können zur Erfrischung direkt in die Moldau springen."

Der Kunde ist aber vorsichtig:

„Und was wird, wenn Hochwasser kommt? Und ich hab Wasser im Keller?"

„Ach was!" lenkt Herr Roubitschek sofort ab. „*Wo* ist die Villa! Und *wo* ist die Moldau!"

Schöne und Hübsch stehen vor Gericht. Schöne klagt Hübsch an, daß er ihm nicht die geliehenen tausend Kronen zurückzahlen will.

„Aber Herr Hübsch, wäre es nicht einfacher, die tausend Kronen Herrn Schöne zurückzuzahlen?"

„Ich würde das gern tun, Herr Gerichtsrat, aber er will mir die Quittung nicht im voraus ausstellen. Und dann müßte ich ihm vielleicht noch einmal die tausend Kronen zahlen!"

Der Richter wendet sich an den Kläger:

„Also warum wollen Sie ihm nicht im voraus die Quittung geben, Herr Schöne?"

„Das ist nicht so einfach, Herr Gerichtsrat. Gebe ich ihm die Quittung in die Hand, gibt er mir die tausend Kronen nicht. Und dann wird er überall behaupten, daß er mir nichts schuldet, weil er keinen Grund mehr hat, zu zahlen."

„Ja gut, ich zahle", stellt sich Herr Hübsch die Situation vor. „Ich gebe ihm die tausend Kronen in die Hand, und er hat sie schon, und hat keinen Grund mehr, mir die Quittung zu geben ..."

Und so reden sie, reden und reden – und bemerken gar nicht, daß der Richter in Verzweiflung längst den Gerichtssaal verlassen hat ...

Die Geschäfts- und Verwandtschaftsbindungen gingen vor dem Ersten Weltkrieg weit über Prag hinaus in die verschiedenen europäischen Städte. Wer in Prag Kohn hieß, hatte bestimmt einen Onkel Cohen in Paris, und die Löwys gab es überall. Und so wurde in Prag folgende Anekdote erzählt:

Herr Löwy aus Frankfurt reist geschäftlich nach Paris; dort trifft er seinen ehemaligen Frankfurter Mitschüler Cohen. Zwanzig Jahre lang haben sie sich nicht gesehen, und es gibt viel zu erzählen. Löwy sieht, daß es Cohen in Paris sehr gut geht, daß er reich geworden ist. Als sie beim Abendessen sitzen, trinken und Zigarren rauchen, sagt plötzlich Herr Löwy:

„Hast du nicht vergessen, Otto, diese Bagatelle, die ich Dir damals vor zwanzig Jahren geliehen habe?"

„Welche Bagatelle?"

„Du weißt doch, die achthundert Francs, die ich dir geliehen habe, als du nach Paris gegangen bist!"

„Ach ja, ja, du hast recht. Ich erinnere mich schon …"

„Meinst du nicht, daß du sie mir jetzt zurückzahlen könntest, da es dir gut geht?"

„Hör mir gut zu, Löwy. Du bist mein Freund. Aber Staatsräson ist Staatsräson. Gebt uns Elsaß-Lothringen zurück, erst dann siehst du das Geld!"

Herr Weill kauft in Prag im Großhandel für fünfhundert Kronen Galanteriewaren für seinen Laden in Uhříněves. Vierhundert Kronen zahlt er bar, und auf hundert Kronen gibt er einen Wechsel. „Wenn ich Sie aber so viel verdienen lasse, was geben Sie mir als Präsent?", fragt er.

„Weil Sie es sind", sagt ihm der Leiter, „gebe ich Ihnen diese schöne, moderne englische Krawatte dazu."

„So eine Ausschußkrawatte? Für einen guten Stammkunden wie mich?"

„Sie haben recht, Herr Weill. Wissen Sie was? Ich gebe Ihnen ihren Wechsel zurück."

Herr Weill stockt und sagt zögernd:

„Wissen Sie was? Ich nehme doch lieber die Krawatte."


„Ich habe eine Versicherung gegen Feuer und Hagelschlag abgeschlossen", sagt Herr Löwy Herrn Löwenbach.

„Gegen das Feuer, das verstehe ich", wundert sich Herr Löwenbach. „Aber sag mir, wie machst Du den Hagelschlag?"


Herr Freud begegnet Herrn Mayer und erschrickt: Herr Mayer ist nämlich bekannt dafür, daß er sich von jedem Geld auf Nimmerwiedersehen ausleiht.

„So etwas, gerade habe ich an Sie gedacht, Herr Freud!"

„Und was war es?"

„Ich hab mein Geld zu Hause vergessen und brauche gerade zwanzig Kronen. Können Sie mir die dvacka leihen?"

„Wenn es nur zwanzig Kronen sind, warten Sie, ich

gucke … Das ist aber Pech! Ich hab zufällig kein Geld bei mir!"

„Und zu Hause?"

„Zu Hause? Danke schön. Alles gesund."

„So dreist sind heutzutage manche Leute", regt sich Herr Löwenthal auf.

„Dieser Herr Bloch erlaubt sich, mich um erbärmliche tausend Kronen zu mahnen! Wollt ihr meine Antwort hören? Laßt es euch erzählen. ‚Herr Bloch', schreibe ich, ‚das ist eine Frechheit, die Sie sich erlauben! Mit einem Menschen wie Sie werde ich mich gar nicht unterhalten. Schickt euren Buchhalter zu mir, ich zahle ihm die tausend Kronen auf den Tisch und gebe ihm ein paar Ohrfeigen dazu.'

Die Erregung Herrn Löwenthals ist mittlerweile sichtbar gesunken.

„Damit Sie mich verstehen. Ich würde ihm so schreiben, wenn ich diese erbärmlichen tausend Kronen nur hätte …"

Aufregungen in Geschäftssachen gibt es sehr oft. Der Briefwechsel kann dann wie folgt aussehen:

„Sehr verehrter Herr! Wer hat mir versprochen, zum Ersten dieses Monats alles zurückzuzahlen? Sie! Wer hat das Wort gebrochen? Sie! Wer ist ein Schurke? Ihr ergebener Moritz Löbl!"

Vor der Sanierung, als es noch enge Gassen gab, in denen man sich von Fenster zu Fenster unterhalten konnte: Kohn wälzt sich lange im Bett herum. Dann ist er still. Sára ist schon am Einschlafen. Erneutes Stöhnen, Herumwälzen und wieder Ruhe wie vor dem Sturm. Sáras Blut wird zum Kochen gebracht. Sie kann kein Auge zumachen.

„So geht es nicht weiter", erregt sie sich. „Was ist denn los? Warum gibst du keine Ruhe?"

„Ach Sára, wenn du nur wüßtest! Der Wechsel ist fällig, und morgen muß ich Braunfeld Zehntausend geben!"

„Und hast du sie?"

„Das ist es ja gerade! Die Zeiten sind schlecht, ich hab sie nicht!"

Sára geht zum Fenster, schlägt es auf und ruft zur anderen Seite der Gasse:

„Braunfeld, hörst du mich?"

Das Fenster auf der Gegenseite öffnet sich:

„Ja, Sára, was ist denn los?"

„Morgen sollst du von Kohn die Zehntausend ausgezahlt kriegen?

„Ja!"

„Also, damit du es weißt: Einen Furz kriegst du! Er hat sie nicht!" Sie haut das Fenster zu, wendet sich zu Kohn und sagt:

„Und jetzt schlafe! Jetzt wird *er* nicht schlafen können."

Herr Bernstein hat einen Prozeß am Hals, aber ausgerechnet bei der Hauptverhandlung muß er dringend geschäftlich nach Dresden, wo es um Tausende geht. Er legt seinem Advokaten ans Herz, ihm sofort das Ergebnis zu telegraphieren.

Schon mittags, unmittelbar nach dem Rechtsspruch, erreicht ihn in Dresden das Telegramm:

„Gerechte Sache hat gesiegt!"

Herr Bernstein läuft schnell zur Post und telegraphiert dem Advokaten:

„Sofort Berufung einlegen!"


Diese Geschichte ereignete sich im Ersten Weltkrieg. Herr Mannstein war bei seinem Fronteinsatz sehr tapfer und erbeutete eine feindliche Kanone. Herr General Heider persönlich ruft ihn zu sich in den Stab:

„Gefreiter Mannstein! Sie haben sich als Held benommen, Sie sollen auch belohnt werden. Wollen Sie das Eiserne Kreuz oder lieber hundert neue österreichische Kronen?"

„Entschuldigen Sie, Herr General! Welchen Wert hat das Eiserne Kreuz?"

„Ungefähr fünf neue österreichische Kronen."

„Dann erbitte ich mir das Eiserne Kreuz und fünfundneunzig neue österreichische Kronen."

Die Geschäfte gehen schlecht, und das spüren sowohl Herr Lévy und Herr Porges als auch Herr Kahn, die ihre Läden nebeneinander haben. Herr Lévy weiß: Reger Umsatz bei verbilligter Ware bringt mehr Gewinn als rarer Umsatz bei teurer Ware. Er hängt über seinem Laden ein großes Schild auf: „Verkauf mit 30 % Preisnachlaß."

Herr Kahn ärgert sich: „Daß es mir nicht früher eingefallen ist!" Und er will Herrn Lévy übertrumpfen. Morgens sieht man über seinem Laden ebenfalls ein großes Schild: „Verkauf mit 50 % Preisnachlaß."

Herr Porges, der seinen Laden zwischen den beiden Konkurrenten hat, läßt sich nicht aus der Fassung bringen. Nachmittags schon hängt über seinem Laden ein unauffälliges, aber wirksames Schild:

„Haupteingang hier."


Herr Porkert verkauft Fleischkonserven. Herr Birnfeld wundert sich, wie sein Geschäft bei der allgemeinen Misere floriert. Und er möchte etwas dazulernen.

„Wie machen Sie das, Herr Porkert?"

„Reger Umsatz bei Billigware steht über rarem Umsatz bei teurer Ware", erklärt ihm Herr Porkert. „Ich verkaufe preiswerte Kramtsvogelpasteten für Feinschmecker."

„Und was kostet so eine Kramtsvogelpastete?"

„Ich verkaufe sie für nur fünf Kronen pro Stück, bei Abnahme von sieben Konserven gebe ich die achte kostenlos dazu."

„Unmöglich! Pastete aus Kramtsvögel für nur fünf Kronen. Unter uns: mischen Sie nicht Roßfleisch dazu?"

„Na, ja, schon, aber nicht zu viel. Etwa zur Hälfte: Einen Kramtsvogel, ein Roß; einen Kramtsvogel, ein Roß ..."

Eine Lokalstrecke der Eisenbahn nach Rataje nach Sázavou. Der kleine Zug hat nur ein Abteil erster Klasse im Vorderwagen. Wer kann es sich schon leisten, von Prag nach Rataje erste Klasse zu fahren?

In dem Abteil sitzen nur Herr Ehrenfeld und ihm gegenüber ein wohlhabend aussehender, in seine Gedanken versunkener fremder Herr. Feiner Anzug, teure Zigarre. „Offensichtlich auch unsereiner", schätzt Herr Ehrenfels.

„Aber was hat dieser reiche Herr im Zug von Rataje nach Sázavou zu suchen?" – überlegt er weiter. „Könnte es der Vertreter von Bechstein sein, der zu Weinberger nach Rataje fährt? – Ach was! So gut zahlt Bechstein nicht."

„Warte mal!", überlegt er weiter. „Frau Menhartová hat in Prag mit dem Zahnarzt Birnbaum ein Verhältnis. Mag sein, er ist es und fährt auf Besuch. Nein. Das geht nicht. Das würde gleich ganz Rataje auf die Beine bringen ..."

Herr Ehrenfeld wirft einen Blick auf den etwas protzigen Pelzmantel des Unbekannten.

„Daß ich nicht früher darauf gekommen bin! Das kann doch Moritz Steinfeld sein, der als Knabe nach Amerika ausgerissen ist! Er könnte heute gerade im Alter von fünfundfünfzig sein! Und die Steinfelds handelten doch immer mit Pelzwaren! – Das muß er wohl sein. Er hat sich in New York hochgearbeitet. – Aber nein, dort nicht! New York ist vollgestopft mit Läden, die solche Artikel führen. In Boston! Dort bestimmt! Nur in Boston läßt sich ein nobler Pelzladen führen. Das ist Moritz Steinfeld aus Boston ...!"

Herr Ehrenfeld ist aber noch nicht zufrieden und überlegt weiter.

„In Boston ziemt es sich aber nicht, Moritz Steinfeld zu heißen. Nein. Er hat bestimmt seinen Namen geändert. Nicht Moritz, aber Morphy! Ja, so ist es! Morphy Stonefield! Das klingt! Und er fährt jetzt nach Rataje wegen der Erbschaft des alten Mosche Steinfeld!"

Herr Ehrenfeld strahlt zufrieden. Und er spricht den Herrn vertraulich an:

„Entschuldigen Sie bitte. Sie sind doch bestimmt Herr Morphy Stonefield, Geschäftsmann in Pelzwaren aus Boston!"

„Wie haben Sie mich erkannt?", staunt der Herr.

„Erkannt? Oh nein! Wissen Sie, mein Grundsatz ist: alle unklaren Posten immer neu berechnen, weiter kalkulieren und solange korrigieren, bis alles stimmt!"


Die jüdische Gemeinde in Libochovice sucht einen neuen Schammes. Es meldet sich ein junger Mann. Der Rabbi stellt ihn auf die Probe.

„Kennen Sie sich in Gebetssachen aus?"

„Und ob! Alles kenn ich. Die Thora kenn ich, im Talmud bin ich zu Hause. Es gibt nichts, was ich nicht kennen würde."

„Also gut", freut sich der Rabbi. „Sie sind angenommen. Hier ist der Vertrag zur Unterschrift!"

„O Weh! Das ist schlimm! Schreiben kann ich nicht."

„Dann bedauere ich. Einen Synagogendiener, der nicht schreiben kann, brauchen wir nicht."

Der junge Mann ist traurig. Am besten ist es, in der weiten Welt sein Glück zu versuchen! Er entscheidet sich, nach London zu gehen.

Beginnt als armer Straßenhändler. Was er erspart, investiert er. Den Gewinn investiert er weiter. Er hat einen klaren Kopf und eine gute Nase für Aktien, die unerwartet hohe Dividenden erbringen. Sein Kapital wächst und wächst. Er gründet eine große Investment-Bank auf der Piccadily Street. Er wird ein angesehener Financier und steigt zum gefragten Berater der Regierung seiner Majestät auf. Schließlich erhebt ihn der King in den Adelsstand.

Der frischgebackene Sir soll den Empfang der Urkunde unterzeichnen.

„Könnte es nicht mein Sekretär für mich erledigen?"

„Nein, das geht nicht. Das darf nur eigenhändig unterschrieben sein!"

„Ich kann aber nicht schreiben!"

Entsetzen breitet sich aus. Welch ein Fauxpas! Alle sind konsterniert. „Unmöglich!", rufen sie, „unmöglich!"

„Was heißt unmöglich! Hätte ich schreiben können, wäre ich heute Schammes in Libochovice."

*REICHTUM UND ARMUT – besser gesagt, mehr Armut als Reichtum – sind ein wiederkehrendes Motiv der Anekdoten. Viele kamen aus dem österreichisch besetzten Galizien, einer Gegend, von der aus es einen Zustrom des jüdischen Elements in die Städte der Donaumonarchie gegeben hat. In Mussorgskis musikalischen „Bildern einer Ausstellung" von 1874 hört man als Nr.6 einen Dialog zwischen einem stolzen, reichen und einem jammernden, armen Juden. In der ursprünglichen Klavierfassung sind sie als „Samuel Goldenberg und Schmuyle" bezeichnet. Das ist aber Mussorgskis Erfindung. Denn die originellen Vorlagen des frühverstorbenen Malers Viktor Hartmann, die Mussorgski musikalisch umdichtete, sind zwei voneinander unabhängige Porträts, die Hartmann 1868 in Sandomir malte. Der „Reiche" ist einfach ein frommer Jude im Kaftan mit spitzer Kopfbedeckung, und der Arme ist wirklich arm: Er krümmt sich verlassen irgendwo in der Straßenecke. Ein typischer Schnorrer (jüdischer Bettler). Es war Mussorgski selbst, der diese Bilder zu einem „Dialog" verknüpft hat. Musik ist eine Kunst des Kontrasts, und so klingt das Thema des Reichen „Grave energico" – langsam und gebieterisch, kräftig, abgehackt, während das Thema des Armen seine alte Fistelstimme und sein überstürzt ängstliches Plappern karikiert. Wie wir sehen werden, stimmt dieses typisch russisch-anekdotische Bild nicht. Die jüdischen Gemeinden waren moralisch verpflichtet, einem Neuankömmling zum Aufbau einer Existenz zu verhelfen und den Schnorrern Unterstützung zu geben. Aber der Jude der Anekdoten ist auch sprichwörtlich sparsam, so sparsam und geizig wie die Schotten (versteht sich: der Anekdoten). Und so entstehen seelische Kämpfe zwischen der moralischen Pflicht zu geben und dem vorsichtigen Behalten. Die Prager Anekdoten begegnen dieser seelischen Qual der Wahl mit selbstironischem Humor.*

Blaufeld ist geschäftlich in London. Da sieht er einen Aushang, hier finde ein Vortrag statt. „Eintritt frei." Das weckt sein Interesse, und er geht hinein. Gleichzeitig gehen auch zwei Schotten in ihren Röckchen hinein, und sie finden nebeneinander Platz. Mitten im Vortrag wird plötzlich eine Pause angekündigt, und es wird Geld gesammelt. Herr Blaufeld fällt in Ohnmacht, und die zwei Schotten greifen ihm stützend unter die Arme und tragen ihn in die frische Luft hinaus.

Bloch und Lederer sprechen schon seit über zwanzig Jahren nicht mehr miteinander. Es passiert, daß Herr Lederer zum Abendessen ins Restaurant geht, es ist voll, alles besetzt. Nur ein Platz ist noch frei. Ausgerechnet an dem Tisch, wo schon Bloch sitzt und ißt. Lederer nimmt ohne zu grüßen Platz, ruft den Ober mit der Speisekarte und gibt ostentativ zu erkennen, daß er Bloch gar nicht sieht.

Da rasselt ein Fräulein von der Heilsarmee mit der Geldbüchse. Bloch wirft eine Krone in die Büchse. Das Fräulein hält Herrn Lederer die Büchse unter die Nase. Er aber zeigt auf Herrn Bloch:

„Das war für beide!"

An der Tür bei Rotschild klingelt ein Schnorrer:

„Erschrecken Sie nicht! Ich will nicht betteln, sondern nur wetten. Wetten wir um tausend Kronen, daß ich mir das besorgen kann, was nicht einmal Rotschild erwerben kann."

„Also gut. Die Wette gilt! Jetzt werden wir sehen, ob es etwas auf der Welt gibt, das ich mir nicht besorgen könnte."

„Also, Herr Rotschild: Besorgen Sie sich von der Gemeinde ein Armutszeugnis, wie ich eins habe!"


Der alte Oppenheim ist, wie es sich gehört, barmherzig. Zu jedem Mittagessen lädt er einen armen Juden aus der Gemeinde ein. Einmal ist wieder Haschile an der Reihe, und er klingelt an der Tür in Begleitung eines fremden Menschen.

„Aber Haschile! Ich hab nur Euch alleine eingeladen, und Ihr bringt mir noch einen anderen mit?"

„Entschuldigung, Herr Baron. Diesen habe ich gerade jetzt zu mir auf Kost und Logis genommen."


Der Versöhnungstag ist ein großes Fest, und nach den Vorschriften darf man, wie an jedem Sabbat, keine Arbeit verrichten. Das bringt Unsicherheiten mit sich: Was ist erlaubt? Was nicht? Herr Schmale begegnet dem Rabbiner und bittet um Belehrung.

„Wenn ich auf der Straße einen Dukaten sehe, darf ich ihn aufheben?"

„Nein, wie am Sabbat darf man kein Geld in die Hand nehmen." – und forschend blickt er auf das Straßenpflaster. „Im übrigen liegt leider auch kein Dukaten da!"

Am Sabbat geht Herr Wolfstein mir nichts dir nichts in die Synagoge hinein. Am Eingang verwehrt ihm der Schammes den Eintritt.

„Habt ihr den Sitzplatz bezahlt?"

„Nein, aber ich will nur hinein, weil ich Abeles etwas Dringendes ausrichten muß. Nur ein paar Worte und gleich bin ich wieder da!"

Schammes sieht ihn mit bohrendem Blick an, überlegt und sagt dann argwöhnisch:

„Sie Schwindler, Sie wollen die paar Worte da drinnen beten!"


Herr Kandauer ruft den Notar zu sich: Er wolle sein Testament machen. Den hiesigen wohltätigen Vereinen vermacht er je hunderttausend Kronen, seinen Neffen und Nichten je fünftausend Kronen. Wundert sich der Notar:

„Sind Sie so reich?"

„Das eben nicht. Aber jeder soll meinen guten Willen sehen!"


Begräbnis des alten reichen Wormser. Eine große Menschenmenge auf dem Friedhof. Der Rabbi hält eine sehr schöne, anrührende Rede. Und er sieht einen Schnorrer in der Nähe, der weint so herzzerreißend, daß er sein Mitleid weckt. Nach dem Begräbnis geht die Menge auseinander, und der Rabbi tritt an den Schnorrer heran:

„Ja, recht hast du, daß du den Wohltäter Wormser beweinst. Aber beruhige dich doch! Die Tränen helfen nicht. Und außerdem: Er war doch nicht dein Verwandter?"

„Aber gerade deshalb muß ich ja weinen!"

Ein Schnorrer erzählt überall, daß sein Haus abgebrannt und er deshalb an den Bettelstab gekommen sei. Herr Braunfels gibt nichts aus der Hand, bevor er sich nicht überzeugt hat.

„Und habt Ihr eine Bescheinigung, ein Dokument, daß Euer Haus ausgebrannt ist?"

„Das ist ja gerade mein Unglück! Ich hatte es, aber auch das fiel dem Feuer zum Opfer!"


So vergeht die Zeit: Heute sind es auf dem Tag vierzig Jahre her, daß Herr Taussig als Geschäftsreisender bei der Firma Pick angefangen hat. Er freut sich, daß ihm der Chef seine Anerkennung für die treuen Dienste zeigt. Und tatsächlich! Mit einer feierlichen Miene ruft ihn Herr Pick zu sich und spricht:

„Lieber Herr Taussig! Heute sind sie genau vierzig Jahre bei uns beschäftigt. Und Sie sind immer ein verläßlicher und vorbildlicher Geschäftsreisender gewesen. Die Firma war mit Ihnen immer sehr zufrieden, und am meisten freut mich, daß wir zwei miteinander immer so gut ausgekommen sind. Und ich weiß Ihre Arbeit und Treue hoch zu schätzen. Hier habt Ihr etwas zum Andenken von mir."

Herr Taussig ist sehr gerührt, macht den Umschlag auf und sieht – eine Photographie des Herrn Pick.

Er guckt auf das Photo und wieder auf Herrn Pick und sagt:

„Das sieht Ihnen ähnlich, Herr Chef!"

Roubitschek Junior bekommt eine Stelle in Hamburg und verabschiedet sich von seinem Vater.

„Hier hast du einen Briefumschlag und fünfzig Heller für die Briefmarke", sagt Roubitschek Senior. „Wenn du in Hamburg glücklich angekommen bist, gib mir Bescheid."

Roubitschek Junior steckt die fünfzig Heller in die Tasche:

„So viel Geld aus dem Fenster hinauszuwerfen? Nein. Ich stecke den Briefumschlag einfach in Hamburg in den Kasten. Der Postbote kommt und will Strafporto von dir. Du sagst: ‚Nein, das will ich nicht empfangen.' Er geht weg. Die Post ist nicht betrogen, weil der Umschlag keinen Wert hat. Du hast ein gutes Gewissen und weißt, daß ich in Hamburg glücklich angekommen bin."


Kohn und Roubitschek unterhalten sich darüber, wie die Post eigentlich zu ihrem Geld kommt. Denn logisch ist es irgendwie nicht:

„Schauen Sie, Herr Roubitschek: Die Briefmarke hat den Wert von 25 Heller. Und sie verkauft sie auch nur für 25 Heller. Die Briefmarke hat den Wert von 50 Heller. Und sie verkauft sie wieder nur für 50 Heller. Wovon kann die Post leben?"

„Darüber habe ich oft schon nachgedacht. Eigentlich ist es sehr einfach: Die Briefe bis zehn Gramm werden mit 25 Hellern frankiert. Aber die meisten wiegen doch nicht so viel! Und Briefe bis zwanzig Gramm werden mit 50 Hellern frankiert. Und meinen Sie, daß alle Briefe die zwanzig Gramm wiegen ...? Das sind zwar kleine Unterschiede, aber das sammelt sich. Und bei dem großen Umsatz wirft das schöne Gewinne aus!"

Spätabends geht Herr Roubitschek in der engen Karlová-Gasse nach Hause. Aus einem dunklen Hauseingang springt ein Räuber mit dem Messer auf ihn los und schreit: „Geld oder Leben!"

Herr Roubitschek weiß sich Rat. Er neigt sich zu ihm, setzt die Hand ans Ohr und fragt:

„Was? Was haben Sie gesagt?"

Der Räuber schreit noch stärker:

„Ich sag Ihnen: Geld oder Leben!"

„Wie? Was suchen Sie?"

Der Räuber schreit ihm direkt ins Ohr:

„Passen Sie auf! Ich buchstabiere: G wie Gretl, e wie Emil, l wie Lora, d wie David ..." – aber Roubitschek scheint gar nichts zu begreifen.

„Das ist mir ein Geschäft!" – flucht der Räuber angeekelt, läßt Herrn Roubitschek stehen und verschwindet wieder im Hauseingang.

„Das sind mir heute Geschäftsmanieren!" – denkt sich Herr Roubitschek.


Die Aussicht auf ein kleines Geschäft kann auch schnell die Meinung über den Partner ändern. Herr Münzer sondiert bei Herrn Roubitschek, wie es mit der Firma Arthur Kohn steht.

„Arthur Kohn!" – entrüstet sich Herr Roubitschek. „Ich sag Ihnen, Herr Münzer, Arthur Kohn ist ein Betrüger, ein Schurke, ein Schuft, ein Gauner, ein Dieb, ein ... ein ... Reichen Sie ihm die Hand, fehlen Ihnen gleich drei Finger. Glauben Sie mir! Meiden Sie ihn, reden Sie nicht mit ihm!"

Nachmittags sieht Herr Münzer Herrn Roubitschek im Kaffeehaus sich freundschaftlich mit Herrn Arthur

Kohn unterhalten. Herr Roubitschek sieht, wie Herr Münzer erstaunt, verwirrt, verblüfft ist.

„Sehen Sie, Herr Münzer!", hebt Herr Roubitschek zur Warnung den Finger hoch. „So sind heute die Leute!"


Zu Herrn Geduldiger ins Büro kommt sein Buchhalter und bittet um Vorschuß. Herr Geduldiger legt seine Stirn in Falten.

„Kommen Sie morgen!"

Am anderen Tage meldet sich der Buchhalter wieder in seinem Büro.

„Herr! Sie sind ein unverschämter Mensch! Gestern wollten Sie von mir Vorschuß und heute sind sie wieder hier?"

*HEIRAT IST EIN GEWAGTER SCHRITT im Leben.
Es ist schon hilfreich, wenn die Eltern ihrem Sohn
die Braut aussuchen, und wenn die Braut weiß, daß
ihre Eltern sie mit keinem Schurken verheiraten.
Kann sie die Verhältnisse des Freiers überblicken?
Das können die Eltern besser. Es ist also wie bei
den braven Christenkindern: Heirat aus Vernunft, die
Liebe stellt sich schon mit den Jahren ein! ... So ist
die Frage nach den Verhältnissen der anderen Familie
und ihrer Anständigkeit am Platze. Viele Ehen sind
dann wirklich glücklich, aber in manchen ist es wie
bei den Christen: Die Gattin hat zu Hause die Hosen
an, und die Schwiegermutter kann man nicht loswer-
den. Aber bei der Vorstellung der Braut im jüdischen
Ritual hat man immer noch die Möglichkeit einer
Abweisung. Geschmack ist Geschmack. Und Neugier
ist Neugier.*

Roubitschek Sohn soll heiraten. Roubitschek Vater
führt ihn in das Elternhaus der Braut. Roubitschek Sohn
erklärt aber energisch:

„Ich kaufe keine Katze im Sack! Sie muß sich auszie-
hen!"

Was tun? Eine gute Partie ist eine gute Partie, und
ihre Eltern willigen ein. Die etwas dickliche Braut erscheint wie einst Eva, als sie Jahve aus den Rippen
Adams erschuf.

Auch Roubitschek Vater sieht sie sich mit besonde-
rem Interesse an. Und Roubitschek Sohn erforscht sie
mit einer Mischung aus Neugier und Vergnügen von
vorne. Dann soll sie sich umdrehen. Auch nicht
schlecht, sagt er sich. Dann sieht er sie sich wieder von

vorne mit noch größerem Interesse an. Aber dann kommt er wieder zur Besinnung und sagt nüchtern:

„Nein, daraus wird nichts. Ich mag keine krumme Nasen."


In der Galerie ist unter anderem das Bild „Adam und Eva" von Lukas Cranach ausgestellt. Herr Paschkes will sich überzeugen, was das bedeutet. Er verwechselt aber die Katalognummer und liest: „Besuch des englischen Botschafters bei der holländischen Königin."

„Eine gute Partie kann daraus schon werden", sagt sich Herr Paschkes.

„Aber vom englischen Geschmack hatte ich eine bessere Meinung."


„Von woher kommt Ihre Braut, Herr Goldberger?"

„Sie kommt aus Tarnopol."

„Aus Tarnopol?" schüttelt Herr Lévy den Kopf. „In Tarnopol gibt es doch keine anständige Familie."

„Sie irren sich! Und wie viele ehrliche Familien es dort gibt. Ich kann Ihnen gleich wenigstens ein Dutzend anständige Familien aus Tarnopol nennen!

„Also bitte, nennen Sie!"

„Wie Sie wollen. Also erstens haben wir die ... na, wie heißen sie ... der Name liegt mir auf der Zunge, die – warten Sie mal ..."

„Also gut. Nennen Sie mir nur eine anständige Familie aus Tarnopol!"

„Eine? Das ist für mich eine Kleinigkeit. Da sind doch die ... (bleibt nachdenklich stehen) „Na ja, das sind doch die ..., nein, die ... – aber muß es ausgerechnet eine aus Tarnopol sein?"

Roubitschek Sohn sucht noch immer, und es werden ihm Bräute angeboten, die er nach seinem Grundsatz „Keine Katze im Sack kaufen" betrachtet. Er läßt sich von dem verwandten Frauenarzt Morgenstern beraten. Was bedeuten die seltsam-süßen Närbchen auf dem Bäuchlein?"

„Mag sein, daß sie schon eine Geburt hinter sich hat. Das müßte ich mir aber noch ansehen. Warum fragst du?"

„Ach, nur so! Es wurde mir eine attraktive Jungfrau vorgestellt."

Zu einer guten Partie muß manchmal der Heiratsvermittler, Schadchen genannt, verhelfen. Wenn es nicht anders geht. Welcher Geschäftsmann lobt nicht seine Ware?

Schadchen redet Herrn Hirsch ein, er soll endlich die Familie des Fräuleins Šnóbl besuchen:

„Sie müssen sie sehen! Ein schönes Mädchen. Reich ist sie. Und sie spielt Piano. Ihre Eltern sind anständige Leute ..."

Also gehen sie hin. Sie werden sehr freundlich empfangen, und die Šnóbels richten ein großes Abendessen ein. Als sie wieder auf der Straße sind, sagt der Schadchen:

„Was sagt Ihr, Herr Hirsch? Hatte ich nicht recht? Ist es nicht eine reiche und anständige Familie? Haben Sie bemerkt, welch ein Silberbesteck sie haben?"

„Na ja, wer weiß, ob es wirklich auch ihnen gehört," zweifelt Herr Hirsch.

„Und wem sollte es sonst gehören?"

„Sie könnten sich es beim Nachbarn ausleihen!"

„Das ist mir eine dumme Rede, Herr Hirsch. Glauben Sie, daß jemand solchen Leuten etwas leiht?"


Herr Steinfeld kommt schon in die Jahre und möchte endlich heiraten, um seinem Geschäft auch Nachkommen zu sichern. Er lädt den Schadchen zu sich: „Also was haben Sie mir anzubieten?"

„Die reiche Ema Behrenfeld, das wäre etwas für Sie!"

„Nein, danke. Reich bin ich selbst genug."

„Dann hätte ich die schöne Rachel Blumenthal für Sie."

„Nein, danke. Schön bin ich immer noch genug."

„Also wie soll die Braut sein?"

„*Anständig* muß sie sein!"


Sára hat ihre Ehe satt. Sie kommt zum Rabbiner und erklärt, sie wolle sich scheiden lassen.

Der Rabbi will es ihr ausreden:

„Schauen Sie: Sie haben doch mit Kohn mehrere Kinder!"

„Kinder! Kinder! Aber kann ich bei diesem Schürzenjäger wissen, ob das *seine* Kinder sind?"

Herr Kohn denkt über Leben und Tod nach. Dann sagt er zärtlich zu seiner Sára:

„Weißt du, man weiß nie, wenn einem die Stunde schlägt. Sollte einer von uns früher sterben, ziehe ich nach Počeradec um."


„Warum sind Sie so aufgebracht, Herr Gutfreund? Was ist passiert?"

„Sie fragen noch! Wenn Ihnen das passiert wäre, was mir ...!"

„Und was war es?"

„Was soll ich erzählen ... Ich komme nachmittags nach Hause und ertappe meine Frau im Bett mit einem ganz fremden Kerl. Glauben Sie mir, Herr Stein: Hätte ich einen Revolver bei mir gehabt, hätte ich ihm auf der Stelle ein paar kräftige Ohrfeigen versetzt ..."


Herr Freud wurde mit drei Kindern Witwer. Also heiratete er eine Witwe, die selbst drei Kinder in die Ehe brachte. Es versteht sich, daß sie auch miteinander Kinder kriegten. Herr Freud geht nach Hause, und schon vor der Tür hört er großes Geschrei, Krach und Lärm.

„Was ist denn los?" fragt er seine Frau, die ihm die Tür öffnet.

„Aber nichts! Deine Kinder und meine Kinder zanken sich mit unseren Kindern!"

Kohns Sára steht vor dem Spiegel und betrachtet ihr Gesicht. Nein, das ist bestimmt kein „Spieglein, Spieglein an der Wand, wer ist die Schönste in dem Land?" – Und Sára beginnt, mit sich selbst zu reden:

„Sára, Sára! Du siehst aber recht verwelkt aus! Falten wie ein altes, häßliches Weib! Und eine Warze ausgerechnet auf der Nase! Und das verwachsene Doppelkinn! ..."

So sarkastisch der Ton ihrer Rede anfangs auch war, jetzt scheint sie an der Selbstverspottung Lust zu bekommen:

„Mit den abstehenden Ohren siehst du wie ein verrosteter Eisentopf aus! Und die Haare sind schütter und zerzaust, wie bei einer Hexe!"

Und dann mit dem Ausdruck der zufriedenen Genugtuung:

„Aber Kohn wünsch ich es! Besseres verdient er nicht!"


Herr Bernstein ist geschäftlich in Paris, da erreicht ihn ein Telegramm: „Deine Schwiegermutter ist tot stop Begräbnis Mittwoch stop." Herr Bernstein geht zur Post und telegraphiert: „Einverstanden".


Herr Birnbaum kommt unerwartet von der Geschäftsreise zurück, schließt die Tür auf, und in dem Flur – niemand. Er geht in das Wohnzimmer – niemand da. Er öffnet die Tür zum Schlafzimmer, und was sieht er? Irma, sein teures Weib, wälzt sich mit seinem stillen Gesellschafter Steinbach im Ehebett herum. Wie Eva und Adam, aber ohne die Feigenblätter.

„Irma, Irma! Meine treue, liebe Gattin? Du!? – Und Herr Steinbach! Mein treuer und verläßlicher Gesellschafter! Sie!? ... – Könnt Ihr nicht wenigstens damit aufhören, wenn ich mit Euch rede!?"

*WAS EROS BETRIFFT, gibt es im Judentum keine Viktorianische Prüderie. Alles ist ganz natürlich, ja geboten. Sagt Jahve nicht im Ersten Buch Mose, als er das erste Menschenpaar schuf: „Seyd fruchtbar und mehret euch"? Und findet man nicht die Wonne der Braut in dem Hohen Lied Salomons ganz realistisch beschrieben, wenn es heißt: „Seine Linke liegt unter meinem Haupt, und seine Rechte beherzt mich"? Und er besingt mit wunderbar poetischen Metaphern ihre Reize (ebenfalls in der Übersetzung Luthers): „Deine zwo Brüste sind wie zwey junge Reh-Zwillinge, die unter den Rosen weiden", und sie: „Ich habe meinen Rock ausgezogen, wie soll ich ihn wieder anziehen? Aber mein Freund steckte seine Hand durchs Loch, und mein Leib erzitterte davor ..." Genug! Aber so steht es in der Bibel geschrieben. Das Hohe Lied ist nämlich eine Sammlung erotischer Hochzeitslieder des jüdischen Volkes, und sie gehören ebenso selbstverständlich zur Thora wie die Gebote Jahves. Die semantische Operation Braut = Kirche hat zwar die Poesie für das Christentum gerettet, aber das Hohe Lied bildete nichtsdestotrotz eine geheim gehaltene Lektüre in Zeiten erzwungener Keuschheit. Unter den Juden ist aber der Eros etwas Natürliches geblieben. Das erklärt die Feinheit diesbezüglicher Anekdoten. Ihre Andeutungen sind intelligente Appelle an die konnotative Ableitung einer herzlichen Offenheit. Pornos als Kompensation des unterdrückten Eros braucht man nicht. Und die Charakterneigung zur Selbstverspottung wendet sich bei der Identitätsfrage „Wie haben Sie mich erkannt?" lustig auf ein gewisses Detail. Die Frage nach dem heurigen Stattfinden des Yom-Kippur-Festes wirkt noch bekräftigender.*

Herr Barches hat es gewagt, am Wochentag der Frei-
körperkultur zum öffentlichen Bad zu gehen. Nur die
Wanne neben der Wanne eines großen, muskulösen,
blonden Slaven ist noch frei. Barches hat eine etwas län-
gere Nase, der Slave auch. Aber Herrn Barches mit seinen kleinen, schlappen Muskeln, seinem bleichen Körper, ist es neben dem Riesen etwas unheimlich. ‚Was,
wenn er ein Antisemit ist? Und mich insultieren wird?‘
Und er macht sich in seiner Wanne ganz klein, um so
wenig wie möglich aufzufallen.

Da steht der Riese auf und steigt aus der Wanne, um
sich abzutrocknen. Herr Barches sieht sich ihn von Kopf
bis Fuß an, in der Mitte bleibt sein Blick haften, er setzt
sich gerade und fragt sehr erfreut:

„Bitte schön, wann kommt heuer der Versöhnungstag?"


Šimon Krása bleibt seinem Namen treu (krása heißt
tschechisch: Schönheit); auf Frauen übt er auch dank
seiner geistreichen Art eine große Anziehungskraft aus.
Er versteht es vorzüglich, seine Eroberungen zu genießen. In einer großen Gesellschaft tanzt er ausdau-
ernd mit einer schönen Dame und hofft auf Erfolg. Sie
fragt ihn plötzlich:

„Aber Sie sind doch Jude, nein?"

„Gnädige Frau! Und ich habe mich schon sooo gefreut,
daß Sie es bei einer ganz *anderen* Gelegenheit erkennen!"

Šimon Krása hat bei den Frauen vielleicht auch deshalb einen großen Erfolg, weil er bei seiner Körpergröße sehr, sehr schlank ist. Eigentlich müßte er fürchten, daß man bei einer gewissen Gelegenheit plötzlich seine Rippen zählen würde. Aber es gibt eben Frauen, die magersüchtige Männer mögen.

Und so ist es für ihn etwas ganz Natürliches, als ihn eine Dame ganz direkt in ihre Wohnung zur Mittagszeit um halb zwölf einlädt. Wie ganz nebenbei bemerkt sie, daß sich ihr Mann gerade auf Geschäftsreise in Wien befindet. Ihr Lächeln ist vielversprechend.

Am nächsten Tag, pünktlich um halb zwölf, klingelt Krása in einer euphorisch erwartungsvollen Stimmung bei ihr.

Kaum daß sie in das Wohnzimmer treten, sagt sie mit einer entwaffnend natürlichen Sachlichkeit:

„Bitte, ziehen Sie sich aus! Ich komme gleich" – und verschwindet in der Tapetentür, die offenbar zum Badezimmer führt.

Herr Krása zieht sich aus und wartet. Er malt sich schon den Anblick einer Venus, aus dem Bad steigend, aus. Es dauert aber, und so schlank, wie er ist, weiß er nicht, wie er stehen und was er mit den langen Armen und Beinen tun soll. Eine etwas peinliche Situation ist es schon.

Da fliegt die Tür auf, die Dame, die Küchenschürze an, schleppt einen schreienden Bub hinter sich her, zeigt auf den nackten Krása und droht:

„Sieh ihn dir an! So wirst du aussehen, wenn du keinen Spinat essen wirst!"

Herr Perlmann ist heiß darauf, die schöne, aber schon etwas verwelkte Irma zu heiraten. Er ist nicht gerade der Jüngste, und sie zieht ihn an. Herr Barches will es ihm ausreden:

„Die Irma? Die hatte doch mit halb Tarnopol ein Verhältnis!"

„Na, und wenn …? Übrigens: Wie groß ist ganz Tarnopol?"


In den Zeiten der getrennten jüdischen Schulen. Im Religionsunterricht wird über verschiedene rätselhafte Erscheinungen gesprochen. Dem immer grübelnden Izik will es nicht einleuchten, wie es möglich ist, daß der Rabbi Kinder hat. „Er macht doch nichts anderes, als daß er ganze Tage lang nur die Thora studiert."

„Das kann ich dir sagen. Abends, wenn er studiert und schon sehr müde ist, treten vierzigtausend Engel zu ihm. Zweitausend greifen sein Haupt, zweitausend greifen seine Beine, zweitausend greifen seine Arme, und dann tragen sie ihn ins Bett zu seinem Weib."

Izik zählt schnell nach und fragt: „Und was machen die übrigen vierunddreißigtausend Engel?"

„Die müssen ihn wieder aus dem Bett herausschleppen."


Herr Porsches ist auf Geschäftsreise in Paris. Schon vierzehn Tage ist er dort, da bekommt er ein sorgenvolles Telegramm von seiner Gattin: „Samuel stop vergiss nicht stop daß du verheiratet bist."

Am anderen Tage bringt ihr der Postbote folgendes Telegramm aus Paris:

„Telegramm erhalten stop leider zu spät."

Arthur Katz ist, der Arme, schon so gut wie blind. Dennoch mag er Frauen, sehr sogar, aber am liebsten wunderbar runde, korpulente, mit üppigen Reizen vorne wie hinten. Wie Rubens.

Also hat man ihm eine Braut nach seinem Geschmack ausfindig gemacht, und er wird in das Brauthaus geführt. „So, Arthur, das ist deine Braut Rosa!"

„Ich muß sie mir ansehen", sagt Arthur und beginnt, ihre Vorzüge mit beiden Händen abzutasten. Er gelangt zu ihrer Taille und folgt der Linie. Er tastet, tastet, weiter und weiter herum. Er ist begeistert:

„Und das ist immer noch die Rosa?"


Herr Barthes ist ein verstockter Junggeselle. Alle Überredungen seiner Freunde, er solle endlich heiraten und den häuslichen Herd genießen, schlagen fehl. Es hilft nichts, wenn ihm die Wärme des Familienlebens geschildert wird.

„Ja, ja, alles sehr schön", sagt er. „Ich aber kann mir eine solche Ehe lebhaft vorstellen. Morgens stehe ich auf, meine Frau sitzt zu Hause. Ich gehe in das Kontor, bin länger dort, komme nach Hause – und die Frau sitzt immer noch dort. Nachmittags gehe ich Geschäften in der Stadt nach. Ich kehre nach Hause zurück, und sie sitzt weiter dort. Ich bin sie nicht los, sie sitzt und sitzt. Soll ich sie noch ins Bett tragen? Nein – ich bin doch nicht meschugge!"

„Das ist mir eine Bescherung! Ich sehe, unsere Líza ist schwanger," regt sich Herr Kohn auf. „Kannst du mir erklären, wie das passiert ist?", fragt er Sára.

„Vielleicht mit dem kaufmännischen Gehilfen, der bei uns wohnte."

„Der hatte doch sein Bett extra nur für sich. Und zwischen seinem und ihrem Bett stand die spanische Wand!"

„Aber du weißt, wie alt sie schon ist, ganz zerfranzt. Und die Löcher!"

„Na ja, Das erklärt alles!"


Doktor Morgenstern ist ein erfolgreicher Frauenarzt. Seine Klientel in Prag läßt sich sehen. Er kann es aber nicht lassen, durch seine Praxis unbelastet, Frauen zu lieben. In seinem Haus geht es deshalb ähnlich wie bei Zeus und seiner eifersüchtigen Ehegattin Hera zu. Und er muß sich für den Liebesakt mit einer irdischen Leda nicht einmal in einen Schwan verwandeln.

Über Doktor Morgenstern wird folgende, angeblich wahre Geschichte erzählt, die anschaulich beweist, daß alles auf der Welt relativ ist:

In seine Praxis kommt eine attraktive Dame. Sein Schönheitsideal! Er nimmt ihr den Mantel ab und führt sie zärtlich zu ihrem Platz. Er beginnt, wie immer, mit der Anamnese, einem vertraulichen Gespräch über ihr Befinden. Er setzt sich näher zu ihr hin. So nahe, daß ihre Knie sich wie zufällig berühren. Sie zuckt nicht zurück, und es scheint, daß sie ihr Bein noch fester anlehnt. Er mißt ihr den Puls, und hält ihr weiter die Hand, und es scheint, ihre Hand fügt sich willig in seine. Er schaut ihr tief in die Augen und bemerkt die Aufmunterung in ihrem Blick. Er beginnt, ihr reizendes

Kniechen zu streicheln. Er streichelt immer höher ...
noch höher ... – plötzlich hört man von hinten schwere
Schritte auf der Treppe.

„Schnell! Ziehen Sie sich aus, und legen Sie sich hin!
Das ist meine Frau!"

*VON DER ALLGEMEINEN RELATIVITÄT der Um-
stände, die für jüdische Anekdoten so typisch ist, zur
allgemeinen Relativität Albert Einsteins gab es offenbar nur einen Schritt. Relativ ist der Umgang untereinander, relativ die Werte, relativ, was einer sagt. Man
kann eigentlich nicht allem glauben, und man sieht
sich genötigt, gleich nach dem Gegenteil zu fragen. Die
Umstände zwingen einen, in Paradoxien zu denken,
und das fördert die Kunst des Wortspiels. Mit dieser
Einstellung wird überraschend oft etwas Makaberes be-
wältigt. Man kann bis zuletzt hoffen und im Galgen-
humor eine Stütze finden.*

„Wo fahren Sie hin, Herr Löwenstein?"
  „Wo soll ich denn hinfahren! Nach Prostějov!"
  „Hören Sie, Herr Löwenstein. Wenn Sie mir sagen,
daß Sie nach Prostějov fahren, fahren Sie bestimmt nach
Olmütz. Aber ich weiß, daß Sie nach Prostějov fahren.
Also warum lügen Sie?"

„Wohin laufen Sie so eilig, Herr Goldberger?"
  „Zum Arzt! Mein Frau gefällt mir irgendwie nicht."
  „Ach ja! Dann laufe ich gleich mit Ihnen. Meine
gefällt mir auch nicht."

Pick und Langstein liegen nebeneinander im Kranken-
haus. Beide leiden an Ischiasschmerzen im Bein, beide
werden massiert, und das tut sehr weh. Während Herr
Pick beim Massieren vor Schmerzen schreit, erträgt Herr
Langstein alles mit der Ruhe eines Stoikers. Pick fragt ihn:

„Wie machst du das, daß du es, ohne zu schreien, aushältst?"

„Ich bin doch nicht meschugge. Meinst du, daß ich mir das *kranke* Bein massieren lasse?"

„Herr Paschkes, sie sehen irgendwie nicht gut aus."

„Was soll ich Ihnen erzählen? Die Leber ist nicht in Ordnung. Der Magen schmerzt. Der Hals brennt. Der Puls setzt aus. Die Beine sind angeschwollen. Und ich selbst bin auch nicht in Ordnung!"

Ein sehr armer Jude kommt zum Rabbiner und jammert: „Ach Rabbi, eine Not leide ich, nicht auszuhalten. Ich, meine Frau und sechs Kinder hausen in einer kleinen Stube. Wir können uns nicht rühren! Was soll ich tun?"

Der Rabbi denkt nach, dann sagt er:

„Besorge dir eine Ziege und komme in einer Woche zu mir!"

Der arme Mensch kommt nach einer Woche und jammert herzzerreißend:

„Rabbi, das ist wirklich nicht auszuhalten! Eine kleine Stube hab ich, eine Frau, sechs Kinder und dazu noch die Ziege! Man kann sich nicht rühren, man kann nicht schlafen. Was soll ich tun?"

„Verkaufe die Ziege, und komme in einer Woche zu mir!"

Nach einer Woche kommt der arme Jude und strahlt vor Zufriedenheit: „Ich danke dir, weiser Rabbi, für deinen Rat. Die Ziege habe ich verkauft, und jetzt haben wir alle Platz genug."

Herr Bernstein hat seine Ehegattin beerdigt. Abends nach dem Begräbnis kommt zu ihm Herr Reichelt, um ihn zu trösten. Und siehe da: Bernstein amüsiert sich auf dem Divan mit der Gouvernante.

„Schämen Sie sich nicht, Herr Bernstein? Kaum daß Sie Ihre Frau beerdigt haben und schon ..."

„Weiß ich denn, was ich tue in meinem unermeßlichen Kummer?"


Herr Friedmann hat in Brünn geschäftlich zu tun. Alle Hotels sind aber wegen der Bundesversammlung der Feuerwehr besetzt. Nach langem Suchen bekommt er ein Zimmer zusammen mit einem Mann von der Feuerwehr.

„Wecken Sie mich bitte um sechs Uhr morgens", sagt er dem Portier.

Morgens wird er geweckt, die Zeit ist knapp, Herr Friedmann zieht sich schnell an und läuft zum Bahnhof. Bei der Kasse schaut er sich an und ist verärgert:

„Heute kann man niemandem mehr glauben. Der Dummkopf hat statt mich den Feuerwehrmann geweckt!"


Das war im Ersten Weltkrieg. Herr Bernstein trifft in der Schanze Herrn Kohn. Es gibt viel zu erzählen, und es stellt sich heraus, daß beide freiwillig zum Militär gingen.

„Das ist so", sagt Herr Bernstein. Ich bin ledig, ich habe niemanden, ich habe Aufregung gern, und so ging ich zum Militär. Und du?"

„Das ist so", sagt Herr Kohn: „Ich bin verheiratet, ich

bin nicht allein, ich habe die Ruhe gern, und so ging ich zum Militär."

"Wo fahren Sie hin, Herr Katz?"

"Nach Beroun, Herr Neumann."

"Nach Beroun? Und kennen Sie dort nicht zufällig einen gewissen Pick?"

"Pick? Nein, den kenne ich nicht."

"Und ... Herrn Bloch kennen Sie?"

"Bloch ...? Dann kenne ich eher schon den Pick, Herr Neumann."

"Herr Popper, Sie haben, habe ich gehört, in Kasejovice eine Ohrfeige gekriegt?"

"Kasejovice? Das ist für mich keine Stadt ..."

"Herr Roubitschek, ich sag Ihnen: Sorgen, lauter Sorgen hab ich!"

"Sorgen? Ich habe keine Sorgen, Herr Graus."

"Das glaub ich Ihnen nicht. Bei den schlechten Zeiten!"

"Ich sage Ihnen, wie ich es mache: Ich hab einen Herrn Krakauer angestellt, der die Sorgen auf sich nimmt."

"Und wieviel zahlen Sie ihm?"

"Was ich ihm zahle: Dreitausend monatlich!"

"Dreitausend! – Und wo nehmen Sie soviel Geld her?"

"Das ist seine erste Sorge."

Arme Juden haben bald entdeckt, daß man sich mit Zeugenaussagen bei den Gerichten über Wasser halten kann.

„Wo gehst du hin, Arthur?"

„Wo sollte ich hingehen? Zum Gericht gehe ich, Siegfried."

„Und was wirst du dort machen, Arthur?"

„Ich soll dort schwören, Siegfried."

„Und was wirst du schwören, Arthur?"

„Muß *ich* das wissen, Siegfried?"


Der Schammes will die Synagoge besser ausstatten und ausschmücken. Er geht zum Rabbiner und schlägt vor:

„Ich will den Thora-Rollen neue Hüllen geben!"

„Das will ich nicht."

„Also lege ich einen neuen Teppich zwischen die Bänke."

„Das will ich nicht."

„Also hänge ich wenigstens eine Girlande über dem Eingang auf."

„Das will ich nicht."

„Aber was wollen Sie, Rabbi?"

„Was ich will, das will ich auch nicht!"


„Sie sollten nicht so viel rauchen, Herr Rosenthal. Rauchen schadet der Gesundheit und verkürzt Ihnen das Leben. Wie alt sind Sie?"

„Siebzig."

„Da sehen Sie, Herr Rosenthal. Wenn Sie nicht rauchen würden, wären sie vielleicht nicht einmal fünfundsechzig!"

Zwei Schnorrer kommen zum Haus des Herrn Kischlaer, der als Geizhals bekannt ist. Ein Schnorrer bleibt beim Eingang stehen, der andere geht hinein. Nach ein paar Minuten ist er schnell wieder draußen.

„Ein grober Klotz! Nichts hat er mir gegeben und wollte mir noch Ohrfeigen verpassen!"

„Wieso denn: ‚er wollte'? Wie kannst du wissen, daß er dir Ohrfeigen geben wollte?"

„Wie ich es weiß? Wenn er sie mir nicht hätte geben wollen, hätte er mir keine verpaßt!"


Es kommen zwei Damen vom Wohlfahrtsverein zu Herrn Blumenthal und verlangen einen Beitrag von ihm. Ohne sich irgendwie ausreden zu wollen, nimmt er das Scheckbuch, trägt zweihundert Kronen ein und reicht den Scheck den Damen.

Sie bedanken sich überglücklich und gehen weg. Kurze Zeit später kommen sie aber zurück:

„Sie haben den Scheck nicht unterschrieben, Herr Blumenthal!"

„Und ich unterschreibe ihn auch jetzt nicht. Denken Sie ja nicht, meine Damen, daß ich zu denen gehöre, die jedes Verdienst gleich in die ganze Welt hinausposaunen! Wenn ich eine Wohltat tue, dann tue ich sie unerkannt."


Herr Stein setzt sich im Kaffeehaus an den Tisch und ruft. „Herr Ober, Cognac, bitte!"

Der Ober kommt mit dem Cognac und will wieder weggehen, aber Herr Stein ruft ihn zurück: „Wissen Sie was, ich habe es mir anders überlegt. Holen Sie mir Wermut!"

Eine Stunde lang liest er Zeitungen und geht weg.

Der Ober ruft ihm nach: „Herr Stein, sie haben vergessen, mir den Wermut zu bezahlen!"

„Den haben Sie mir doch anstelle des Cognacs gebracht!"

„Aber den Cognac haben Sie auch nicht bezahlt!"

„Hab ich ihn vielleicht ausgetrunken?"


„Herr Haas, wenn Ihnen ein Wunsch in Erfüllung gehen sollte: Was möchten Sie lieber haben, eine Million oder Typhus?"

„Das ist mir aber eine dumme Frage, Herr Graus. Natürlich möchte ich Millionär sein!"

„Sehen Sie, Sie haben es sich nicht gut überlegt. Von den Millionären muß jeder sterben, aber von den an Typhus erkrankten sterben nur dreißig Prozent."


Herr Weill, der nicht gerade im Überfluß lebt, geht zum besten Internisten zur Untersuchung. Gut, alles in Ordnung. Der Internist verlangt hundert Kronen Honorar.

Herr Weill erschreckt sich: „Hundert? Ich habe nur zwanzig Kronen."

„Und Sie wußten nicht, zu wem Sie gehen? Meine Honorare sollten Ihnen bekannt sein! Wenn es Ihnen zu teuer ist, hätten Sie sich bei einem anderen Arzt untersuchen lassen können. Viele machen es viel billiger!"

„Entschuldigen Sie, Herr Doktor. Aber für meine Gesundheit ist mir kein Arzt zu teuer!"

Herr Rosenfeld will bei dem berühmten Professor Kupferstein eine Heilkur machen. Als er erfährt, daß er für den ersten Besuch hundert Kronen, für den zweiten aber nur sechzig verlangt, fädelt er die Sache wie folgt ein: Er kommt in die Ordination und ruft wie ein alter Bekannter:

„Da bin ich wieder, Herr Professor!"

Professor Kupferstein sieht sich ihn forschend an, schweigt, untersucht ihn, dann sagt er:

„Insgesamt keine Besserung. Nehmen Sie weiter die Medikamente, die ich Ihnen bei Ihrem ersten Besuch verschrieben habe!"

Rosa Schidlof liegt im Sterben. „Siegfried", sagt sie, „bald sterbe ich und kaum daß ich beerdigt werde, vergißt du, daß ich dir eine gute und treue Gattin war und wirst anderen Weibern nachlaufen ..."

„Aber Rosa! Immer eins nach dem anderen, der Reihe nach ..."

Vor dem prachtvollen Mausoleum der Rotschilds stehen Herr Kohn und Roubitschek still vor Staunen und Bewunderung.

„Ja, ja, Herr Roubitschek", sagt Kohn etwas neidisch. „So läßt's sich leben!"

*IM REALEN SOZIALISMUS ZU LEBEN IST NICHT LEICHT, aber man muß sich Rat wissen. Auch wenn sich alles ändert, Kohn & Roubitschek bleiben sich treu. Man versucht, wenn es nicht anders geht, sich sogar zu arrangieren. Denn Überleben ist das Gebot der tausendjährigen Geschichte. Was sind bei Jahve die Jahre dieser seltsam grotesken Welt? Manches alte Anekdotenmotiv wird der neuen Lage angepaßt, und so wird unter Beweis gestellt, daß einige Menschen alle dieselben sind.*

Auf dem ausgeschmückten ‚Platz der Friedenskrieger' begegnet Herr Goldschmidt Herrn Taussig, und Herr Taussig seufzt und stöhnt über die Verhältnisse:

„Stellen Sie sich vor, Herr Goldschmidt! Zwei Stunden lang steht Sára Schlange fürs Fleisch – keines da! Und gestern war die StB bei mir und hat die ganze Wohnung durcheinander gebracht! Und meine Schuhe sind kaputt, und neue kann ich mir nicht leisten, auch wenn man welche auftreiben könnte! ..." – und so weiter und so fort, Jammern und Klagen.

„Warum sagen Sie es ausgerechnet mir, Taussig! War *ich* es, der damals den Schuß aus der Kanone der Aurora auf den Winterpalast abgefeuert hat?"

Herr Taussig wurde eingesperrt, weil er auf die sowjetische Bruderhilfe öffentlich schimpfte. Als er aus dem Knast entlassen wird – keine Existenz! Das Beste ist, sich direkt in die Löwengrube zu begeben. Wie einst Daniel, aber freiwillig.

Also geht Herr Taussig in das Ministerium für Staatssicherheit, um den Genossen seine Dienste anzubieten. Was tun? Schwer ist es, ihn abzuweisen. Er bekommt zunächst eine Menge Literatur zur Umschulung: Marx, Engels, Lenin usw.

Nach sieben Wochen bekommt er seine erste Bewährungsprobe: Auf einer Veranstaltung, wo Genosse Vasil Bil'ak über den proletarischen Internationalismus sprechen wird, soll er das Publikum ganz unauffällig beobachten und nach potentiellen Attentätern Ausschau halten. Genosse Vasil Bil'ak liest, ab und zu auch mit sichtbarer Mühe, aber er liest und liest seine Rede vor. Schon nach vierzehn Minuten flüstert Herr Taussig dem nebenstehenden Führungsoffizier:

„Den Mann auf dem dritten Sitz fünfte Reihe links sofort identifizieren!"

Und siehe da: ein Erfolg! Der Mann hält eine Granate in der Tasche versteckt. Auf dem Ministerium viel Lob: „Wie haben Sie es erkannt?"

„Auf der Grundlage des Studiums des Marxismus-Leninismus", behauptet Herr Taussig mit fester Stimme.

„Aber Herr Taussig! Ist das Ihr Ernst?"

„Und Ihr wißt nicht, daß Lenin sagte: ,Der Feind schläft nie'!? – Der Mann in der fünften Reihe war der einzige, der nicht einschlief."


Herr Taussig steht Schlange für Kartoffeln. Ein altes Mütterchen neben ihm wischt sich die Tränen und klagt:

„So gerne möchte ich in meinem Garten Kartoffeln setzen, aber meine Arme sind schwach, ich kann die Erde nicht mehr umgraben ... Und mein Bruder in Amerika ist weit weg und kann mir auch nicht helfen ...!"

Herr Taussig gibt ihr einen seltsamen Rat:

„Schreiben Sie einfach Ihrem Bruder nach Amerika, daß in Eurem Garten Waffen versteckt sind."

Das Mütterchen schüttelt den Kopf, aber zu Hause setzt sie sich hin und schreibt den Brief.

Nach vierzehn Tagen sieht sie wieder Herrn Taussig und meldet ihm überglücklich:

„Stellen Sie sich vor! So viele gute Herrschaften sind von der Staatssicherheit gekommen und haben mir den Garten umgegraben! Die Kartoffeln sind schon gesetzt!"

Herr Roubitschek will keine Unannehmlichkeiten haben und bringt seinem Sprößling bei, wie er in der Schule richtig antworten muß.

„Es kann sein, daß gefragt wird: Wer ist Genosse Gottwald? Du sagst: Genosse Gottwald ist unser geliebter Führer der Werktätigen. Aber wenn gefragt wird: Wer ist Genosse Stalin? Mußt du sagen: Genosse Stalin ist der größte und beliebteste Führer der ganzen Welt ..." – und so weiter. Roubitschek Vater nimmt dann schwierigere Fragen durch:

„Es kann sein, daß Genossin Lehrerin fragt: Was ist auf der Welt das Beste? Du mußt antworten: Das Beste auf der Welt ist der Sozialismus. Das ist durch die unsterbliche Lehre des Marxismus-Leninismus wissenschaftlich bewiesen."

Roubitschek Sohn ist wißbegierig und will auf das dialektische Gegenteil vorbereitet sein:

„Und was, wenn Genossin Lehrerin fragt, was das Schlimmste ist?"

„Da mußt du dir schon etwas einfallen lassen", sagt Roubitschek Vater verstimmt. „Das Schlimmste ist nämlich, daß der Sozialismus ausgerechnet bei uns wissenschaftlich bewiesen werden mußte."


Herr Kohn hat sich mit seinem Textilladen im fernen Sydney über Wasser gehalten. Heimweh hat er. Nach langen Jahren reist er wieder nach Prag. Und er will alles so wie damals erleben. Also kein Taxi, sondern die Straßenbahn, „elektrika", wie die Tschechen sagen.

„Brežnev-Platz", ruft der Schaffner. Herrn Kohn befällt die Nostalgie: „Das ist doch unser Wenzelsplatz, der ehemalige Roßmarkt ...", erinnert er sich. Alles ist wie im Traum.

„Kossygin-Bahnhof", ruft der Schaffner. Herr Kohn staunt: „Das ist doch der alte Franz-Josef-Bahnhof, dann Wilsoňák – der Wilsonbahnhof!"

Die Straßenbahn hält auf dem Platz der Republik, und der Schaffner ruft: „Platz der internationalen Bruderhilfe". Verunsichert steigt Herr Kohn aus und fragt den Polizisten, ob dieser Moskau-Prospekt zur Moldau führt.

„Aber ja!" antwortet der Polizist und erklärt ihm: „Die heißt jetzt aber ‚Der stille Don'. Und wenn Sie so weitergehen, kommen Sie direkt zum Podgorny-Ufer ..." und fährt fort, Kohns Alter und fremdes Aussehen schätzend, „früher Ferdinand d'Este-Ufer, dann Rašín-Ufer und danach Slánský-Ufer, und jetzt eben: Podgorny-Ufer. Der Moskau-Prospekt mündet direkt auf die Wolgograd-Brücke, früher Stalino-Brücke, früher ..."

Herr Kohn hört nicht mehr zu, ist betrübt, ja traurig. Alles ist anders! Aber wer geht denn da? Das ist doch Herr Roubitschek! Als wäre es erst gestern gewesen, daß er ihn gesehen hätte, fragt er:

„Wo warst du denn?"

„Gerade komme ich aus Moskau!"

„Und wie sieht es dort aus?"

„Stell dir nur vor: Du gehst die Šanghajskaja-Straße, früher Stalinskaja, ehemalige Zarskaja hinunter, und kommst zur Verbotenen Stadt, früher Kreml; der St.-Basilius Platz, der spätere Rote Platz, heißt jetzt Platz des Himmlischen Friedens. Runter gehst du direkt zu der Mao-Tse-tung-Brücke über den Moskau-Fluß, jetzt Ussuri-Fluß der ewigen Freundschaft ..."

Und so erzählen sie sich von den alten und neuen Zeiten. Plötzlich bleiben sie stehen. Strahlende Gesichter, wie bei einer Erleuchtung.

Drei Tage später wird in der Rudá-Gasse, früher Neruda-Gasse, ein neuer Laden eröffnet:

ROUBITSCHEK & KOHN. Straßenschilder jeder Art. Sieben Wochen Umtauschgarantie! Gut erhaltene Schilder können verrechnet werden!

Es passierte bei Mílovice, wo die sowjetischen Einheiten nach der vollbrachten Bruderhilfe stationiert sind. In der Nacht des 7. Novembers, als das Andenken der großen sozialistischen Oktoberrevolution gefeiert wird, sieht man ein großes Feuerwerk, in das Knacken und Knallen mischen sich Salven aus Maschinengewehren.

Morgens wird Herr Graus, Arzt aus Milovice, zu der Leiche eines Rotarmisten gerufen, die am Waldrand liegt. Der Körper ist übersät mit unzähligen Einschüssen. Herr Graus soll die Todesursache protokollieren. Herr Graus nimmt seinen unerwarteten Kampfeinsatz sehr ernst. Er sieht sich die Leiche lange an, zählt die Einschüsse von vorne. Dann läßt er den Armen auf den

Bauch umdrehen und zählt die Einschüsse von hinten. Er rechnet, vergleicht, kalkuliert: Genauso viele Kugeln, wie Jahre seit der großen sozialistischen Oktoberrevolution!

Er läßt den Leichnam wieder umdrehen, dann sagt er mit Anerkennung:

„Das nenn' ich einen totsicheren Selbstmord!"


Herr Roubitschek wird zur Ausreiseabteilung der Staatssicherheit zitiert, weil er einen Antrag auf Genehmigung seiner Aussiedlung nach Amerika gestellt hat.

„Wie wollen Sie das begründen?" fragt mit forschendem Blick der StB-Genosse.

„Schauen Sie, Genosse: Mein Bruder hat in Chicago eine Fabrik, auf seine alten Tage hin ist er taub geworden, und er will jetzt, daß wir gemeinsam unser Leben beenden."

Der StB-Genosse will ihn überreden:

„Sehen Sie, Genosse Roubitschek! Sie schreiben einfach Ihrem Bruder einen Brief. Und darin steht: Du verkaufst die Fabrik, bringst das Geld hierher, und wir beenden unser Leben in der Tschechoslowakei."

Herr Roubitschek wehrt sich:

„Sie haben mich, Genosse, offenbar falsch verstanden. Ich sagte: Er ist taub geworden und nicht: Er ist blöd geworden."


Der kleine Izik ist immer sehr höflich und aufmerksam. Fährt er in der ‚elektrika', steht er sofort auf und macht Platz, wenn ein alter Mensch einsteigt. Und so auch diesmal. Ein altes Väterchen, die Krücke in zitternder Hand, aber niemand rührt sich. Izik springt auf und führt ihn zum freien Platz. Da erscheint ihm eine wunderschöne Fee und verspricht ihm, drei beliebige Wünsche zu erfüllen.

„Ich will, daß die Chinesen nach Prag kommen und gleich wieder wegziehen!"

„Na gut, sagt die Fee etwas verwundert. Wird erfüllt. Und der zweite Wunsch?"

„Ich will, daß die Chinesen nach Prag kommen und gleich wieder wegziehen!"

„Na, wenn du es wünschst, wird es auch erfüllt. Aber jetzt dein dritter Wunsch!"

„Ich will, daß die Chinesen nach Prag kommen und gleich wieder wegziehen!" Izik bleibt hartnäckig.

„Ja, das kann dir erfüllt werden. Aber sag mal, warum willst du, daß die Chinesen dreimal nach Prag kommen?"

„Weil ich will, daß sie sechsmal über die Sowjetunion ziehen müssen!"


Herr Roubitschek war in dem sozialistischen Handelsministerium so tüchtig, daß man ihn nach Budapest schickt, um einen neuen Lieferungsvertrag abzuschließen. Am anderen Tag kommt das Telegramm an:

„Lieferungsvertrag erfolgreich abgeschlossen. Es lebe freies Ungarn!"

Das gefällt dem Genossen Minister sehr, also wird Herr Roubitschek nach Warschau geschickt. Am dritten Tag kommt das Telegramm an:

„Handelsvertrag erfolgreich abgeschlossen. Es lebe freies Polen!"

Herr Roubitschek genießt politisches Vertrauen. Genosse Minister ruft ihn in sein Büro und kündet ihm feierlich an:

„Genosse Roubitschek! Eine verantwortungsvolle Aufgabe wird Ihnen anvertraut. Sie kennen viele Sprachen, deshalb werden Sie für uns im Westen verhandeln. Morgen fliegen Sie!"

Herr Roubitschek packt seine Koffer voll, und nach einer Woche kommt im Ministerium sein Telegramm an:

„Bin in Paris. Geschäfte gehen gut. Es lebe freier Roubitschek!"

WER HÄLT NICHT MIT DAVID GEGEN GOLIATH? Um so mehr gilt das für das kleine Volk der Tschechen. Als das Tausendjährige Nachbarreich bedrohlich mit den Waffen rasselte, schufen die Komiker Voskovec & Werich einen Song, den bald jedes Kind zu singen wußte:

> Samuelova kniha nám povídá – jak na Žida přišla veliká bída,
> jak ti bídní Filištíni válku vést nebyli líní,
> až potkali Davida ...

(Das Buch Samuel erzählt uns, wie der Jude in große Not geraten ist, wie die schändlichen Philister den Krieg zu führen nicht müde waren, bis sie David begegnet sind ...)

Der Song, der 1937/38 den Widerstand stärkte, endet mit einem siegreichen Aufschrei, als David den Goliath niederschlägt: „A jakej byl Goliáš!" – „Und wie groß war der Goliath!" Beide Komiker emigrierten nach Amerika, 1948 blieb Voskovec als Schauspieler dort, und Werich kehrte nach Prag zurück und stärkte mit seiner Komik den geistigen Widerstand gegen die humorlose Fremdherrschaft. Das war auch ein Widerstand gegen die antiisraelische Propaganda, derzufolge das kleine Israel der böse Aggressor und das große Ägypten mit den Mengen von sowjetischen Militärberatern der arme, überfallene Bruder wäre. In den zahlreichen Anekdoten wird mit Schadenfreude die Empörung der „antizionistischen" Propaganda über den Sieg Israels im Sechs-Tage-Krieg lächerlich gemacht. Man wünscht dem russischen Goliath in ägyptischer Uniform die Niederlage. Wißt Ihr, wie es dazu gekom-

*men ist? Nasser hatte sowjetische Militärberater. Sie*
*befohlen ihm folgende Strategie: Den Feind so tief wie*
*möglich ins Land eindringen zu lassen, und dann ruhig*
*auf den Winter zu warten. Auf der israelischen Seite*
*finden wir Kohns Prager Neffen Isaak. Die Anekdoten*
*wissen, wie geschäftstüchtig er auch dort geblieben ist.*

Isaak entscheidet sich, nach Israel zu emigrieren. Endlich hat er alle Papiere, aber so manche gute Mobilie muß er in Prag lassen. Was tun? Auf dem Flughafen öffnet der Zollbeamte sein Gepäck und sieht gleich oben ein großes Photo des Genossen Gottwald in einem dicken, glanzvollen Rahmen.

„Wissen Sie, das ist mir so lieb und teuer!" erklärt Isaak. „Eine Erinnerung an die Heimat!"

Der parteitreue Zollbeamte ist sichtbar gerührt, schlägt den Deckel zu und läßt ihn durch.

Gelandet auf dem Flughafen Tel Aviv, füllt Isaak den Zollfragebogen aus. In die Rubrik ‚Einfuhr wertvoller Gegenstände' schreibt er:

„Bilderrahmen aus purem 14-karätigen Gold. Geschenk eines Prager Zollbeamten an die Heimat der Juden."

Isaak dient in einer Panzereinheit der israelischen Armee. Nichts ist los. Langeweile. Er geht also zum Kommandanten und verlangt vierzehn Tage Urlaub.

„Jaaaah! Das könnte jeder sagen! Zunächst eine Heldentat, zum Beispiel einen erbeuteten ägyptischen Panzer!"

Am anderen Tag meldet sich Isaak wieder: Er habe die

Heldentat vollbracht. Der Kommandant geht zum Fenster und siehe – auf dem Kasernenhof steht ein ägyptischer Panzer.

Isaak bekommt vierzehn Tage Urlaub, die sind aber schnell vorbei. Er langweilt sich wieder. Nicht auszuhalten! Er geht zum Kommandanten, am anderen Tag wieder ein ägyptischer Panzer auf dem Hof, die vierzehn Tage Urlaub werden Isaak genehmigt. Nach einiger Zeit das gleiche. Der Kommandant staunt, wieder steht ein ägyptischer Panzer auf dem Hof.

„Isaak, jetzt mußt du mir aber verraten, wie du das immer schaffst!"

„Das ist nicht schwer", sagt Isaak etwas zögernd. „Mein Schwager dient in einer Panzerbrigade der ägyptischen Armee. Ich fahre mit meinem Panzer vorsichtig in der Nacht in die vorderste Linie. Ich stelle den Motor ab und horche. Es rührt sich nichts. Also rufe ich: Bist du da, Rubin? Ja, ruft er zurück. Und ich: Rubin, willst du Urlaub? Ja, sagt er. Und ich: Also komm, laß uns die Panzer tauschen!"


Die Israelis haben ein ägyptisches Jagdflugzeug MIG 21 abgeschossen. Sie ziehen aus dem Wrack den Piloten heraus und führen ihn zum Verhör. Der Offizier sieht sich ihn von allen Seiten an und beobachtet aufmerksam sein rundes Gesicht. Da bricht der Gefangene sein Schweigen:

„Job tvoju mat'! Ty eščo nikogda neposmotril egyptičeskogo aviatčika?" (Russischer Fluch, und: „Hast du nie einen ägyptischen Piloten gesehen?").

Zu dieser Geschichte gibt es eine Variante: Waffenstillstand nach dem Sechs-Tage-Krieg. Auf der ägyptischen Seite der Kontaktstelle hält ein arabischer Posten Wache. Auf der anderen steht Isaak und gafft ihn ständig an. Da bricht jener sein Schweigen:

„Što ty smotriš, durak! Ty ješčo nikogda nevstretil arabskogo bojca?" (Russisch: „Was guckst du wie ein Trottel! Bist du nie einem arabischen Krieger begegnet?")

Folgende Anekdote bedarf einer Erläuterung. Als die Russen 1945 als Befreier von der braunen Diktatur kamen, um die rote einzusetzen, war ihr „davaj časy" („gib die Uhr her") sprichwortartig. Sie waren wie Kinder. Manche hatten vom Handgelenk bis zum Ellbogen Armbanduhren verschiedenster Marken als Trophäe. Als die Russen in der Nacht vom 21. August 1968 die Tschechoslowakei überfielen und die Intervention „Bruderhilfe" genannt werden mußte, tauchten viele „davaj-časy"-Witze wieder auf. Auch der alte aus der Stalin-Zeit, als es eine Kampagne gab, derzufolge eigentlich alle technische Leistungen von Russen vollbracht wurden: „Weißt du, wer die Armbanduhr erfunden hat?" – „Nein." – „Natürlich ein Russe. Er hieß Eugen Onegin." So muß man also die Anekdote verstehen, in der das „davaj-časy"-Motiv nach Israel übertragen wurde.

Ein israelisches Jagdflugzeug kehrt von einem Routineflug zurück auf die Basis. Hinter ihm landet eine gefangengenommene MIG 21 mit ägyptischen Erkennungszeichen. Isaak (ja, lieber Leser: die Anekdote will, daß unser Isaak aus Prag diesmal bei der Luftwaffe dient) geht zum Kommandanten, um Meldung über den Einsatz abzugeben.

„Wie hast du es geschafft?" fragt der Kommandant verwundert.

„Ganz leicht! Ich weiß doch, daß er ein Sowjetčík ist. Ich zeige ihm meine goldene Armbanduhr. Und er folgt mir sofort nach."


Herr Kohn fährt einen verrosteten Wagen, einen uralten Praga-Lady der dreißiger Jahre. Eine Blechkiste, die bei 140 km/h rasselt und rumpelt! Die Sicherheitsstreife kostet es eine große Anstrengung, ihn einzuholen, ihn in einem gefährlichen Manöver zu überholen und ihn endlich zu stellen.

„Das ist doch nicht möglich!" staunen die Genossen. „Wie kann das so 'ne alte Kiste schaffen?"

„Seht Ihr! Das macht sie mir seit einer Woche, als ich die Reifen gewechselt habe. Die vorderen Reifen hat mir mein Bruder aus Ägypten geschickt, die hinteren lieferte mir mein Neffe Isaak aus Israel. Und die hinteren jagen und jagen und jagen wie besessen, und die vorderen laufen und laufen und laufen wie verrückt!"


Herr Löwenbach begegnet nach langen Jahren Herrn Roubitschek. Herr Roubitschek ist neugierig, wie es seinen drei Söhnen geht, die so jung in die Welt ausgezogen sind.

„Wo ist Ihr Ältester jetzt, Herr Löwenbach?"

„Den hat es ausgerechnet nach Moskau verschlagen."

„Und was macht er dort?"

„Er baut dort den Kommunismus auf."

„Und der mittlere, er hieß doch Simon?"

„Den hat es nach Kuba verschlagen und dort baut er den Kommunismus auf."

„Und Ihr jüngster Sohn?"

„Samuel hat es nach Israel verschlagen."

„Und er baut dort den Kommunismus auf?"

„Was denken Sie denn! Im eigenen Lande? Er ist doch nicht meschugge!"

CHRIST UND JUDE leben in Prag seit Jahrhunderten in einer geistig fruchtbaren Symbiose. Beide verbindet die gegenseitige Sympathie der in diesem Lande oftmals zu Schicksalsgefährten gewordenen. Das Thema der Taufe wird auch zum Thema der Integrität. Jan Zrzavý, dieser Maler mit dem mystisch nach innen schauenden Auge, schuf 1912 ein bedeutsames Bild: ‚Die Bergpredigt'. Vergeblich suchen wir nach der Menschenmenge um Jesus herum! Er sitzt verlassen auf spitzen Dornenbergen, zu seinen Füßen nur der Jünger Johannes mit fragendem Antlitz. Zweitausend Jahre ist Jesus, dargestellt als jüdischer Rabbi (wie er auch angesprochen wurde) mit seiner Botschaft der Liebe ungehört geblieben! Noch hochbetagt ging Zrzavý, obwohl er kein Jude war, in die alte Prager Synagoge zu seinen jüdischen Freunden. Alles Greise, ein kläglicher Überrest des Prager Judentums nach dem Holocaust. „Hier erlebe ich dreitausend Jahre Religion", erklärte Zrzavý. Das war auch ein deutlicher Hinweis zu seinem, vor einem halben Jahrhundert gemalten Bild des Jesus als vereinsamter jüdischer Rabbi. Es ist nützlich, von solchen Hintergründen auch bei der Lektüre der Prager jüdischen Anekdoten zu wissen. Man begreift ihren Charme, ihre heiteren Spitzen und ihre Toleranz besser. Wenn wir die letzte Anekdote dieser Reihe aus dem Ersten Weltkrieg lesen werden, müssen wir bedenken, daß es ein Krieg sogenannter christlichen Mächte war, in den auch Juden getrieben wurden. Die Erzählung von den in jeder Situation noch bestehenden „zwei Möglichkeiten" ist makaber, aber absurd-real. Franz Werfel übernahm sie in die paradoxe Geschichte ‚Jakobowski und der Oberst'. Die Philosophie der „zwei Möglichkeiten", die auch etwas Švejkisches in sich hat, *bringt den pflichtbewußten Oberst zur Verzweiflung. Wenn Ihr, meine Leser, Glück haben werdet, könnt Ihr sogar eine ausgezeichnete Vertonung dieser „zwei Möglichkeiten" in der sehenswerten Oper ‚Jakobowski und der Oberst' von Gieselher Klebe hören ...*

Nach der Gründung der Tschechoslowakei im Jahre 1918 gab es eine große Welle des Hussitentums. Es wurde sogar eine neue hussitische Konfession gegründet. So läßt sich folgende Geschichte verstehen:

„Angeklagter, kommen Sie näher. Wie heißen Sie?" fragt der Richter.

„Jakob Abeles."

„Von woher gekommen?"

„Aus Tarnopol."

„Beruf?"

„Altkleiderhändler."

„Konfession?"

„Ich habe Euch gesagt, daß ich Jakob Abeles heiße, aus Tarnopol komme und Altkleiderhändler bin. Was soll ich noch erzählen? Daß ich ein Hussit bin? Sehe ich etwa so aus?"

Mit der Identität ist es schwer. Die Karpatenukraine gehört seit 1918 zur Tschechoslowakei und ist ihr östlichstes, kleinstes Land. In Mukačevo regt sich wieder das Geschäftsleben, und man schafft neue Handelsverbindungen. Da sieht man auf den Straßen von Paris einen Juden im schwarzen Kaftan mit einem fremdartigen Hut, unter dem die Peies hin und her wackeln. Kinder laufen ihm hinterher und schreien lustig, Passanten bleiben stehen, einige folgen ihm neugierig nach. Anfangs ignoriert er sie, aber dann hat er genug:

„Warum gafft ihr mich so dumm an? Habt ihr nie im Leben einen Tschechoslowaken gesehen?"

Ignác Porges – ja, der aus der guten alten jüdischen Familie! – läßt sich katholisch taufen. Er ist jetzt also ein guter Katholik. Aber gemäß der alten Sitte kommt Herr Thierfelder zu ihm, um um die Hand seiner Tochter Vlasta Porgesová anzuhalten.

„Schauen Sie, Herr Thierfelder", sagt ihm Herr Porges. Daraus wird nichts. Erstens: Sie sind ein Jude, und wir sind Christen. Und zweitens: Sie haben kein Geld, und das ist bei uns Juden der Hauptgrund!"

In einem christlichen Laden beherrscht ein Papagei ziemlich gut beide Sprachen. Sein Inhaber hat ihm das Schimpfen auf die Juden beigebracht.

In den Laden tritt der Geschäftsreisende Herr Bernfeld ein. Der Papagei beginnt gleich zu schreien: „Stink-Jude! Stink-Jude! ..."

Herr Bernfeld sieht sich ihn an und sagt verächtlich:

„Sie! Ausgerechnet Sie haben es nötig! Sie wollen jemanden als Juden beschimpfen? Sie mit Ihrer Nase?"

Zu Herrn Tauber kommt ein Schnorrer und bittet um Unterstützung. Herr Tauber ist reich, aber hat auch seine Grundsätze:

„Almosen gebe ich Ihnen nicht. Aber dafür gebe ich

Ihnen die Gelegenheit, sich etwas zu verdienen. Wollen Sie bei mir im Garten arbeiten?"

„Und wieviel zahlen Sie?"

„Einem Christen gebe ich zehn Kronen täglich, aber Ihnen gebe ich fünfzehn Kronen täglich."

Der Schnorrer kratzt sich hinter den Ohren, und sagt:

„Ich mache Ihnen einen Vorschlag: Geben Sie mir die fünf Kronen, und für die zehn Kronen stellen Sie einen Christen an ...!"


Gymnasiast Armín Schulhoff bringt eine Fünf in Mathematik auf dem Zeugnis nach Hause. Ein großer Krach. Armínek versucht, sich auszureden:

„Ich kann nichts dafür! Unser Mathematiklehrer ist Antisemit."

„Also gut", sagt Schulhoff Vater. Wenn dem so ist, lasse ich dich taufen."

Armín ist jetzt Christ, aber am Ende des Schuljahres bringt er wieder eine Fünf in Mathematik nach Hause.

„So!" regt sich Schulhoff Vater auf. „Jetzt bist du Christ und es ist das gleiche!"

„Das ist so", erklärt Schulhoff Sohn. „Wir Christen haben halt fürs Rechnen nicht den gescheiten Kopf!"


Als ich als Kind in der Ostslowakei in die Schule kam, hat uns die Lehrerin – eine Ungarin namens Kisfalusi, die aber auch slowakisch sprach – unterrichtet, wie wir jeden Erwachsenen schön christlich grüssen sollen: „Pochválen bud' Pán Ježíš Christus" („Gelobet sei Herr Jesus Christus"). Das hat uns gefallen, es hatte seine Würde. Dies soll der nächsten Geschichte vorausgeschickt werden.

Die Synagoge steht just gegenüber der katholischen Kirche. Der Schammes sitzt auf der Bank vor der Synagoge und raucht mit verklärtem Gesicht seine Pfeife. Die Schulkinder gehen an dem Schammes vorbei und grüßen artig: „Pochválen bud' Pán Ježíš Christus!"

Der Schammes nimmt seine Pfeife aus dem Mund, zeigt auf die katholische Kirche und sagt freundlich: „Gegenüber!"

Herr Löwenbach kommt zum katholischen Pfarrer, er solle seiner verstorbenen Schwester eine schöne, würdige Bestattung bereiten.

„Aber Herr Löwenbach, Sie haben sich offenbar verirrt", sagt der Pfarrer. „Ich bin katholischer Priester. Und Ihre Schwester war doch Jüdin!"

„Herr Pfarrer, es ist so: Meine Schwester ließ sich taufen."

„Das ist schon etwas anderes", sagt der Pfarrer.

„Das ist noch nicht alles: Sie ging ins Kloster und starb als Nonne."

„Jetzt sieht es schon ganz anders aus. Sie war die Braut Christi, und ich gebe ihr die würdigste Bestattung."

Dann kommt das Honorar an die Reihe. Der Pfarrer verlangt gute vierhundert Kronen für die Bestattung inklusive Begräbnisrede.

Herr Löwenbach gibt ihm zweihundert Kronen: „Die andere Hälfte gibt der Schwager."

Herr Grünwald liegt auf dem Sterbebett. Plötzlich entscheidet er sich für die Taufe. Frau Grünwald und die ganze Familie flehen ihn an: Diese Schande werde er ihnen doch nicht antun! Sein ganzes Leben lang war er ein richtiger Jude und jetzt so etwas!

„Das versteht ihr nicht", erklärt Herr Grünwald. „Ist es nicht besser, wenn ein schlechter Christ stirbt als ein guter Jude?"


Das war noch im Krieg, als ständig gemustert wurde. Herr Bloch trifft seinen Freund Lengsfeld auf der Straße.

„Warum bist du so traurig, als ob dir jemand gestorben wäre?"

„Warum soll ich nicht traurig sein, wenn ich zur Musterung muß!"

„Und deshalb machst du dir Sorgen?" sagt Herr Bloch und fängt an, ihn auf philosophische Weise zu trösten:

„Du darfst es dir nicht so zu Herzen nehmen und es noch schlimmer machen, als es ohnehin schon ist. Schau mal: Du gehst zur Musterung. Gut. Dann hast du zwei Möglichkeiten: Entweder sie nehmen dich oder sie nehmen dich nicht. Wenn sie dich nicht assentieren, ist es gut. Wenn sie dich assentieren, hast du zwei Möglichkeiten: Entweder schicken sie dich an die Front oder du bleibst im Hinterland. Wenn du im Hinterland bleibst, ist es gut. Wenn sie dich an die Front schicken, hast du zwei Möglichkeiten: Entweder schicken sie dich in die Schützengräben oder irgendwo in die Etappe, wo du keine Angst vor den Schießereien haben mußt. Wenn sie dich in die Schützengräben schicken, hast du zwei Möglichkeiten: Entweder gerätst du in Gefangenschaft oder du wirst verwundet. Wenn du in Gefangenschaft gerätst, hast du es gut. Wenn du verwundet bist, hast du zwei Möglichkeiten: Entweder ist deine Verletzung nicht tödlich oder du stirbst. Wenn deine Verletzung nicht tödlich ist, hast du es gut. Wenn sie dich töten, hast du zwei Möglichkeiten: Entweder begraben sie dich alleine, und das ist gut, oder sie beerdigen dich in ein Gemeinschaftsgrab mit den Christen und stecken dir das Kreuz aufs Grab ... Und nur weil du riskierst, mit den Christen in einem Grab beerdigt zu werden, willst du gleich den Kopf hängen lassen?"

# DAS HAUS DES LEBENS

*Jede Anekdote mündet in eine Pointe. So soll auch unsere Sammlung von einer Pointe gekrönt werden. Ich schreibe sie mit einem tränenden und einem lachenden Auge.*

In meinem kleinen Wohnort östlich von Prag hatten wir zwei jüdische Familien: die Hermanns und die Hybš. Über Herrn Hermanns Eisenwarenladen lag etwas Geheimnisvolles. Die geschäftstüchtige Atmosphäre verband sich mit den Düften des Eisens. Dort wurde mir bewußt, daß auch Eisen wirklich duftet. Und das Geheimnisvolle: Wofür sind alle die Gegenstände gut, die an den Wänden hängen, in den Schubladen gehortet werden, auf dem Pult ausgelegt sind? Alles konnte man bei ihm kaufen, von der Kuhkette bis zum letzten Schräubchen. Was sich als Stückware nicht zu zählen lohnte, wog er auf einer altertümlichen Waage ab. Sorgfältig, damit die Zünglein exakt gegeneinander lagen, dann schmiß er aber noch für den Kunden etwas dazu. Nägel und Nägelchen aller Größen waren bei ihm zu haben! Ein Paradies für Heimwerker. Ein solches Angebot hat der Sozialismus in den Jahrzehnten seines Bestehens nie mehr zustande gebracht.

Folgende Anekdote erinnert mich immer an Herrn Hermanns Laden in dem Städtchen Pečky:

Es passiert bei einem Vortrag des Genossen aus der Parteihochschule im Rahmen der Volksaufklärung. Er gibt sich viel Mühe, die Zukunft im Kommunismus zu erläutern. Keiner wagt es, zu diskutieren. Endlich steht das alte Väterchen auf: „Und kann man dann auch die Nägel Länge sechs auftreiben?" – „Aber ja, natürlich! Alles wird es im Überfluß geben!" – „Und auch die mittleren dünnen Länge drei?" – „Ja, ja, kein Problem!" – Das Väterchen ist immer noch mißtrauisch: „Aber die ganz kleinen mit großen Köpfen zwölf Millimeter groß?" – „Bestimmt, so viel, wie Ihr Herz begehrt!" – Das Gesicht des Väterchens strahlt, und er lacht überglücklich: „Also dann wird es genauso sein wie zu Zeiten unseres Kaisers Franz Josef!"

Familie Hybš hatte einen Laden mit Textilien. Ja, sie hießen tschechisch Hybš, nicht Hübsch! Den Söhnen wurden echt christliche Taufnamen gegeben: Pavel und Jiří (tschechische Form für Georg). Wir waren eine Gruppe Jungs und sind in das Gymnasium in Kolín mit dem Zug gefahren, im Sommer auf Fahrrädern zum Baden in der Elbe. Pavel war besonders herzlich und von kindlich-fröhlicher Natur. Sein Englischlehrer nannte ihn nicht Hübsch, sondern Beautiful. Und alle anderen nannten ihn in der zärtlichen Verkleinerungsform Pavlíček. Pavlíček war ein Witzbold und verstand es sehr gut, Karikaturen zeichnen. Seine beliebten Figuren waren „vandráci", alte, wandernde Bettler, die trotz ihrer Armut fröhlich blieben. Wenn ich Anekdoten über die jüdischen Schnorrer erzähle, habe ich Pavlíčeks Zeichnungen vor Augen.

Der böse Wind nach dem 15. März 1939 hat uns Pavlíček und Jiří entrissen. Eines Abends erschien Pavlíček bei uns mit traurigen Augen, zum erstenmal mit dem gelben Judenstern. Er schlich zu uns, wenn es dunkel war, weil es den Juden schon verboten war, abends auszugehen. Er schlich die fünfhundert Meter zu uns herüber, und wir hörten Radio London. Daß es sehr gefährlich war, ist uns gar nicht eingefallen. Erst viel später wurde uns bewußt, daß es für das Hören von Radio London die Todesstrafe gab – und obendrein noch in Anwesenheit eines Juden! Pavlíček freute sich über jeden kleinen Erfolg auf dem entfernten Kriegsschauplatz in Afrika. Eines Tages schlich er wieder zu uns mit einer Nachricht, die er uns tröstend vortrug: Übermorgen sollten sie mit gepackten Koffern mit dem Zug nach Kolín zum Sammelort fahren. Sie werden irgendwo nach Ostpolen umgesiedelt. „Und wir jüngeren sollen in der Vysočina Bäume fällen. Ich hoffe, daß wir mit Jiří zusammen bleiben können, und so werden wir wohl den Krieg noch überleben!" – Unsere Hoffnung war mit ihm, wir haben ihm geglaubt, wir wollten ihm einfach glauben. Von Auschwitz hatten wir damals keine Ahnung. Der Mensch will an die Existenz des Satans ohnehin nicht glauben.

Es war eine primitive teuflische List! Man kann sich vorstellen, mit welchem Zynismus dieses Bild der sanften Umsiedlung den Juden ausgemalt wurde, damit sie willig in ihre Vernichtung gehen. Es gab keine Umsiedlung, keine Wälder in Vysočina, sondern einen Güterzug nach Auschwitz. Die Leere, die Pavlíček hinterlassen hat, überfiel uns erst nach 1945, als die Auschwitz-Wahrheit wahr geworden ist. Die Wunde, die der Tod Pavlíčeks hinterlassen hat, verheilt nie. Irgendwo zwischen den 77 000 Namen der Ermordeten, die in der Prager Pinkas-Synagoge sorgfältig in Kleinschrift eingraviert sind, befindet sich auch: Hybš, Jiří; Hybš, Pavel ...

115

*Neue, böse Winde vergifteten die Jahre nach 1948.*
*Slánský-Prozeß in Prag: Von dreizehn Verurteilten wa-*
*ren neun „jüdischer Abstammung", wie der Staats-*
*anwalt gehässig bei der Verkündigung der Todesurteile*
*feststellte. Wo blieb das Prag Smetanas und Mahlers,*
*Nerudas und Kafkas, des Farbendichters Kokoschka*
*und des verträumten Mystikers Jan Zrzavý? Aber mit*
*der Härte der Fremdherrschaft wuchs auch der Wider-*
*stand aus den Wurzeln der tschechischen Mentalität,*
*die nach der Methode des Anarchisten Jaroslav Hašek*
*alle Autoritäten mit bissigem Humor unterläuft. Es*
*entstanden immer neue Witze und Anekdoten, einige*
*schon aus dem „Protektorat Böhmen und Mähren", nur*
*an die neuen Verhältnisse angepaßt. Und viele jüdische*
*Anekdoten aus dem alten Prag. Keine Schwäche des*
*Systems, die nicht durch das unsterbliche Gespann*
*Kohn & Roubitschek kommentiert wäre.*

*Seit 1954 war ich im Ethnographischen Institut der*
*Akademie der Wissenschaften zu Prag tätig und hatte*
*die Aufgabe, zeitgenössische Folklore zu sammeln und*
*zu dokumentieren. Die renommierte volkskundliche*
*Zeitschrift „Český lid" wurde 1960 zum erstenmal seit*
*ihrer Gründung zensiert. Als Beispiel für die einzig*
*lebendig gebliebene Folklore in der Industriegesell-*
*schaft habe ich dort einige Anekdoten (unter anderem*
*über Chruščov und seine Vorliebe für Mais und sozia-*
*listisch-realistische Kunst) veröffentlichen wollen. Es*
*ging nicht. Ich sammelte aber alles, was erzählt*
*wurde, schrieb es auf Kärtchen und hielt diese im*
*Institut unter Verschluß. Im Jahre 1968 emigrierte ich*
*und wußte seither vom Schicksal dieser brisanten*
*Sammlung nichts mehr. Nach der Wende 1989 begab*
*ich mich auf die Suche nach ihr, aber sie war verschol-*

len. Ich nehme an, daß sie irgendwo in den Akten der Staatssicherheit gelandet ist. Einmal möchte ich meine Akte einsehen.

Die vorliegende Sammlung ist aus dem zusammengesetzt, was ich aus dem Gedächtnis rekonstruieren konnte. Genutzt habe ich auch das Büchlein „Židovské anekdoty" von Karel Poláček. Seine zweite Auflage erschien in Prag im ersten Jahr der Regierung Hitlers in Deutschland. Viele Anekdoten aus Poláčeks Sammlung habe ich noch selbst gehört und durch die folkloristische Fassung innoviert. Die schöne Geschichte aus Gustav Mahlers Kindheit in Iglau rekonstruierte der Museumsdirektor in Humpolec Jiří Rychnovský, ich gebe sie hier in einer ergänzten Nacherzählung wieder.

Die jüdischen Anekdoten sind untrennbar mit dem Fluidum verbunden, das vom „magischen Prag" ausgeht. Es passiert auch noch heute, daß man zwei Prager sieht, die auf dem Bürgersteig plötzlich stehen bleiben: Der eine erzählt etwas mit schmunzelndem Gesicht, der andere hört ihm mit erwartungsvoll gespanntem Lächeln zu. Und dann brechen beide in herzhaftes Lachen aus. Was der eine erzählt hat, begann sicher so: „Kennst du den neuen? Also Kohn und Roubitschek ..."

Jetzt wißt ihr schon ungefähr, worüber die zwei Herren so herzlich gelacht haben. Erheitert Eure Herzen mit ihnen und gehet weiter über die Karls-Brücke und dann die Neue Schloßtreppe hinauf auf die Burg, an der St.-Veit-Kathedrale und der romanischen Kirche des heiligen Georg mit ihren zwei weißen, spitzen Türmen vorbei, und dann seitwärts hinauf zu dem Häuschen des Juden Franz Kafka in der Alchimistengasse. Der Weg führt weiter durch das Tor neben dem alten Gefängnisturm „Daliborka" die Alte Schloßtreppe hinunter. Über die Brücke gelangt man zum alten jüdischen Friedhof in der Nähe der mittelalterlichen, Altneuen Synagoge. Wer sucht, findet auch das Grabmal des Rabbi Löw.

Etwa ein halbes Jahrhundert nach dem Tode Rabbi Löws entstand in Holland ein bereits romantisch anmutendes Bild des Jacob Izaakszoon van Ruisdael, ‚Der Judenfriedhof‘. Dieses Bild des 1682 in Haarlem Verstorbenen kann man heute im Dresdner Zwinger sehen. Verblichene von Bäumen umwachsene Grabmale symbolisieren vor dem Hintergrund einer Ruine das Geheimnis des in die Erde versunkenen Lebens. Nicht unähnlich ist der Anblick des „ehemaligen Judenfriedhofs in Prag", ein Stich, der für die „Illustrierte Chronik von Böhmen" aus dem Jahre 1854 geschaffen wurde. Diese Stätte des verstummten Lebens weckte Ehrfurcht und Phantasie für Legenden. Der Prager Deutsche Karl Viktor Hansgirg dichtete in dem Almanach „Libussa‘ von 1849:

> Mitternacht! da schüttern alle Steine und die
>     Bäume wanken.
> Langen Bartes, starrer Miene seht dort irre
>     Schatten schwanken,
> Denn sie hören ihrer Kinder lautes Wimmern,
>     ihrer Brüder
> Wehgeborne alte Psalmen, ew'ge
>     Jeremiaslieder ...

„Friedhof" heißt hebräisch „Beth-Chaim", was als „Haus des Lebens" übersetzt wird. Dies macht die von der Erosion befallenen Inschriften auf den versinkenden Grabmalen so geheimnisvoll. Keiner hat sich in die seltsame Stimmung dieser toten Stätte des Lebens so vertieft wie Karl Georg (Jiří) Herloßsohn. Dieser 1804 getaufte und mit beiden Landessprachen aufgewachsene Autor historischer Romane aus der Geschichte Böhmens wurde, wohin er auch kam, stereotyp gefragt: „Sind Sie Katholik?" Seine Schilderung des alten jüdischen Friedhofs enthält auch die Frage nach der eigenen Identität: „Die Hoffnung, das Gefühl der Auferstehung wagt es nicht einzuziehen in die Brust des Christen, der hier weilt ... Hier konnte keine laute Klage ertönen; denn Klage zeugt noch vom Leben ... Nirgends auf der Erde, selbst im tiefsten Kerker, kann es so unheimlich sein – und doch weht die Luft hier frei, blickt der Himmel hernieder ..."

Der ehemalige Judenfriedhof in Prag.

Aus: „Illustrierte Chronik von Böhmen, ein geschichtliches Nationalwerk, herausgegeben von einem Vereine vaterländischer Gelehrten und Künstler", zweiter Band, Prag 1854.

# Jüdische Geschichte(n)

Elie Wiesel
**Die Weisheit des Talmud**
Geschichten und Porträts
360 Seiten, gebunden. ISBN 3-451-22885-8
Elie Wiesel liefert mit diesen rabbinischen Geschichten den Schlüssel zur
Jahrtausende alten Kultur der Juden und zeigt: Der Talmud ist eines der
faszinierendsten Bücher der Menschheitsgeschichte.

Elie Wiesel
**Das Testament eines ermordeten jüdischen Dichters**
Roman
336 Seiten, gebunden. ISBN 3-451-22282-5
Die Geschichte des jungen Dichters Paltiel, der für seine Überzeugung
leben wollte, aber dafür leiden und sterben mußte. Ein packender Roman,
erfolgreich verfilmt.

Alexander und Lew Schargorodsky
**Wie Großvater aufhörte, Jude zu sein und andere verrückte
Geschichten**
160 Seiten, gebunden. ISBN 3-451-21813-5
Russische Seele und jüdischer Witz: Verrückte, traurige und weise
Geschichten von der Last und der List der kleinen Leute.

Jakob J. Petuchowski
**Mein Judesein**
Wege und Erfahrungen eines deutschen Rabbiners
Herder/Spektrum Band 4092
Eine Einführung in die geistige Welt des modernen Judentums.
Ein notwendiges Buch: für Juden, Christen und für Deutsche.
„Ein Vermächtnis" (FAZ).

Johann Maier
**Geschichte der jüdischen Religion**
Herder/Spektrum Band 4116
Die aufregende und wechselvolle Biographie einer der ältesten
Menschheitsreligionen der Welt, von der Zeit Alexanders des Großen bis
in die Gegenwart.

# Verlag Herder Freiburg · Basel · Wien

# Literatur und Weisheit –
# Bücher, die die Seele streifen

Lew Tolstoj
**Zeiten des Erwachens**
Mit einem Nachwort herausgegeben von Axel Dornemann
Band 4017

Prosa wie Paukenschläge von einem atemberaubend modernen Kenner der menschlichen Seele. Eine Art „Tolstoj-Bibel".

José Luis Sampedro
**Das etruskische Lächeln**
Roman
Band 4022

Erst wenn man wirklich gelebt hat, überdauert das Lächeln auch den Tod. „Eine lesenswerte zeitgemäße Familiensaga!" (Münchner Merkur).

Antoine de Saint-Exupéry
**Man sieht nur mit dem Herzen gut**
Band 4039

Texte, in denen sich die unsentimentale und daher um so echtere Liebe Saint-Exupérys zum Menschen offenbart.

Mircea Eliade
**Hochzeit im Himmel**
Roman
Band 4056

„Ich träumte von einem Liebesroman, der ganz anders sein sollte als alles, was bis dahin geschrieben worden war" (Mircea Eliade).

Dalai Lama
**Zeiten des Friedens**
Band 4065

Einer der großen geistigen Führer unserer Zeit gibt der Sehnsucht nach Frieden wichtige spirituelle Impulse.


# HERDER / SPEKTRUM

Eugen Drewermann
**Das Eigentliche ist unsichtbar**
Der Kleine Prinz tiefenpsychologisch gedeutet
Band 4068

Ist es der ewige Traum verlorener Kindheit, der Saint-Exupérys Kleinen Prinzen so faszinierend macht? Mit dem Bestsellerautor Eugen Drewermann auf Reisen zu sich selbst.

Elie Wiesel
**Der fünfte Sohn**
Roman
Band 4069

Die Geschichte des Juden Reuven Tamiroff, der 30 Jahre lang fälschlich glaubte, den Mörder seines Sohnes gerächt zu haben.

Thomas Schäfer
**Mein allerliebstes Haselnüßchen, ich muß dich knacken**
Mann und Frau im Märchen
Band 4083

Eine Entdeckungsreise in die Welt vertrauter Geschichten – und zu den märchenhaften Möglichkeiten der Partnerschaft.

Philomena Franz
**Zwischen Liebe und Haß**
Ein Zigeunerleben
Mit einem Nachwort von Reinhold Lehmann und einem Beitrag von Wolfgang Benz
Band 4088

Philomena Franz wurde als Sintifrau nach Auschwitz verschleppt – und doch: „Sie spricht, als trüge sie ein Gedicht vor" (Süddeutsche Zeitung).

Eugen Drewermann
**Zeiten der Liebe**
Herausgegeben und eingeleitet von Karin Walter
Band 4091

Eugen Drewermanns tiefe und poetische, die Unendlichkeit berührende Texte lassen Wege entdecken zu einem Leben der Liebe.

**HERDER** / SPEKTRUM

C. S. Lewis
**Dienstanweisung an einen Unterteufel**
Band 4096
Verblüffende Einblicke in die menschliche Seele. Ein höllisches Vergnügen,
geradezu teuflisch gut.

Käthe Kollwitz
**Aus meinem Leben**
Ein Testament des Herzens
Band 4105
Geschrieben mit weiblichem Instinkt und tiefer Empfindsamkeit.
„Ein Testament der Menschlichkeit" (Saturday Review).

Thomas Merton
**Zeiten der Stille**
Herausgegeben und eingeleitet von Bernardin Schellenberger
Band 4107
Auf das ursprüngliche Sprechen des Schweigens wieder zu hören – dazu
leitet dieses Buch an.

J. F. Powers
**Ein Zweig in frischem Triebe**
Roman
Band 4124
Joe Hackett, Sohn eines Kohlegroßhändlers, auf dem Weg, ein Heiliger zu
werden. Ein Priesterroman, sprühend von hintergründigem Witz.

Jakob J. Petuchowski
**Es lehrten unsere Meister**
Rabbinische Geschichten
Band 4132
„Die Lektüre dieses Buches ist wie ein Abenteuer auf der Suche nach
Schönheit und Sinn" (Elie Wiesel).

**HERDER** / SPEKTRUM

Li Ping
**Zur Stunde des verblassenden Abendrots**
Roman
Band 4140
Die poetisch erzählte Geschichte einer großen Liebe, zugleich das erregende
Dokument des geistigen Umbruchs im modernen China.

Rudolf Kaiser
**Indianischer Sonnengesang**
Die Weisheit der Erde in der Spiritualität nordamerikanischer
Indianer
Band 4143
Die schönsten Zeugnisse indianischer Spiritualität: bewegende Dokumente
einer tiefen Einheit von Mensch und Natur.

Anthony de Mello
**Warum der Vogel singt**
Weisheitsgeschichten
Band 4149
Wie in einem Brennglas konzentriert: westliche und östliche, antike und
moderne Lebenserfahrungen aus mehr als zwei Jahrtausenden.

Albert Einstein
**Zeiten des Staunens**
Band 4153
Geniale Gedanken zu Frieden und Freiheit, zu Religion und
Naturwissenschaft, zu Erziehung und Freundschaft, zu den drängenden
Aufgaben einer zusammenwachsenden Welt.

Elie Wiesel
**Gezeiten des Schweigens**
Roman
Band 4154
Michael ist ein Entkommener, einer, der den Wahnsinn des Krieges hinter
sich hat. Er reist zurück in die Stadt seiner Deportation ...

**HERDER** / SPEKTRUM

Juri Trifonow
**Das Verschwinden**
Roman
Band 4161

Moskau im Hungerwinter 1937: Ein Kind erlebt die Schrecken einer
erbarmungslosen Ideologie. Ein Stück Weltliteratur.

Idries Shah
**Die fabelhaften Heldentaten des vollendeten Narren und Meisters
Mulla Nasrudin**
Band 4164

Humorvolle und tiefgründige Geschichten, die den Leser in die
bezaubernde Welt des Orients entführen.

Vasco Pratolini
**Die Mädchen von Sanfrediano**
Roman
Band 4174

Wie viele Mädchen braucht ein Casanova? Aldo Sereni, Florentiner
Herzensbrecher, leidet keinen Mangel. Bis sein Spiel durchschaut wird.
Die Rache der Mädchen ist gar fürchterlich ...

Linus Reichlin
**Vom Verstecken eines Gastes**
Band 4185

Ein kurdischer Teppichweber auf der Flucht in die Schweiz. Engagierte
Bürger nehmen ihn auf. Doch: Nicht der Gast wird zum Problem, sondern
sie selbst.

Elie Wiesel
**Der Vergessene**
Roman
Band 4186

Ein Mann spürt: sein Gedächtnis schwindet. Wider das Vergessen erzählt
er dem Sohn von seiner Vergangenheit, die ein dunkles Geheimnis birgt.

**HERDER** / SPEKTRUM

Rudyard Kipling
**Das kommt davon**
Die schönsten Geschichten
Band 4206

Geschichten voll heiterer Phantasie: Wie kam der Elephant zum Rüssel,
wie das Kamel zum Höcker? Der Nobelpreisträger erzählt.

Tibor Déry
**Lieber beau-père**
Roman
Band 4223

„Ich werde also alt? Schon?", fragt sich Flóris, 80, ungläubig. Seine
geistreich-leichtfüßigen Aufzeichnungen sind eine charmante
Liebeserklärung an das Leben.

Fridolin Stier
**Vielleicht ist irgendwo Tag**
Die Aufzeichnungen und Erfahrungen eines großen Denkers
Band 4234

Erfahrungen an der Grenze des Lebens. Von der philosophischen Reflexion
bis zum Gedicht. Ein Buch über Krisen, Auflehnung und niemals
aufgegebene Hoffnung.

Georg Bydlinski/Käthe Recheis
**Die Erde ist eine Trommel**
Weisheit der indianischen Ureinwohner Nordamerikas
Band 4245

Lieder, Reden, Gebete, Gedichte und autobiographische Texte zeigen
eindrucksvoll den traditionellen Reichtum indianischer Kultur.

Julien Green
**Bruder Franz**
Band 4248

„Julien Greens Roman ist das literarische Vermächtnis des Lebens des
Franz von Assisi, dessen kenntnis- und bildreichste Würdigung"
(Der Spiegel).

**HERDER** / SPEKTRUM

Rafik Schami
**Zeiten des Erzählens**
Band 4259

Rafik Schami kann mit Worten zaubern. Wirklichkeit und Märchen, Vergangenheit und Gegenwart verwebt er zu einem farbenprächtigen orientalischen Erzählteppich.

Vasco Pratolini
**Chronik einer Familie**
Roman
Band 4268

Die Geschichte zweier Brüder: Nach langer Trennung finden sie zu einer Nähe, die selbst den Tod überdauert. Stark autobiographisch und suggestiv. Erfolgreich verfilmt.

Annette E. Dumbach/Jud Newborn
**Die Geschichte der Weißen Rose**
Mit einem Vorwort von Dorothee Sölle
Band 4269

Es ging ihnen nicht um Heldentum, sondern um den aufrechten Gang: Das beeindruckende Porträt der studentischen Widerstandsgruppe im „Dritten Reich". Präzise recherchiert und packend erzählt.

Barbara Krause
**Diego ist der Name der Liebe**
Frida Kahlo – Leidenschaften einer großen Malerin
Band 4270

Den Schmerz von Körper und Seele schreit sie in ihren Bildern hinaus: Frida Kahlo, die große surrealistische Malerin. Ihre Liebe zu dem Künstler Diego Rivera war so kompliziert, fesselnd und intensiv wie ihr ganzes Leben.

Hanns Dieter Hüsch
**Das Schwere leicht gesagt**
Mit einem Vorwort von Uwe Seidel
Band 4274

Zwischen Bibel und Brecht: Hanns Dieter Hüsch, Seele des deutschen Kabaretts, packt aus. Querdenker-Texte mit Tiefgang.

**HERDER** / SPEKTRUM